Emil Rosenow

# Die im Schatten leben

Drama in vier Akten

Emil Rosenow: Die im Schatten leben. Drama in vier Akten
Entstanden 1899. Erstdruck: Berlin (Essig), 1912.

Veröffentlicht von Contumax GmbH & Co. KG
Berlin, 2010
http://www.contumax.de/buch/
Gestaltung und Satz: Contumax GmbH & Co. KG
Druck und Bindung: Books on Demand GmbH, Norderstedt

ISBN 978-3-8430-6064-6

# Inhalt

## Personen.

Die alte Witwe Lückel.

Trina, Hauswäscherin,
Liesa, Verkäuferin im Produktenverein der Arbeiterkolonie,
Hannchen, Zigarrenwicklerin,
Pittjupp, Schleppjunge auf der Zeche, ihre Kinder.

Jan Biggen, Kohlenhäuer, Trinens Mann.

Hinnäck,
Anngret, Jan und Trinens Kinder.

Der alte Schniermann, Werksinvalide.

Diakonus Körting.

Betriebsdirektor Klönne.

Langenscheidt, Volontär auf dem Werksbüro.

Dr. Vonderscheer, Betriebsarzt.

Wittbräuke, Steiger.

Berg- und Hüttenleute.

Koloniebewohner.

*Dieses Drama spielt auf der Roten Erde, im Hause der Witwe Lückel, inmitten der Arbeiterkolonie eines Berg- und Hüttenwerkes der Dortmunder Gegend.*

## Erster Akt

*Mutter Lückels Wohnstube.*
*Eine mittelgroße, ärmliche und einfach getünchte Stube. In der Mitte der rechten und linken Seitenwand je eine gewöhnliche Holztüre, die zu Nebenstuben führen. In der Mitte des Hintergrundes die Haustüre, durch die man erst in einen Holzvorbau, dann, ein paar Stufen herab, auf die Koloniestraße hinaustritt. Zu Seiten dieser Türe je ein großes Fenster. An der linken Seitenwand vorne steht ein eiserner Kochherd, wie sie in der Dortmunder Gegend gebräuchlich sind, plump und schmucklos. Davor eine Holzbank, Kohlenkasten, Feuerungsgerät. Auf dem Ofen Kochtöpfe, darüber am Brett an der Wand Gerät, und auf einem Topfgestell und Küchenschrank neben dem Ofen Töpfe, Eimer, Küchengerät. Weiter steht an der Wand eine Kommode, auf dieser eine Lampe und allerlei Gegenstände. Kleidungsstücke sind neben der Türe an den Nagel an die Wand gehängt. Weiter hinten, neben dem Fenster, steht Hannchens Arbeitstisch, groß und plump, bedeckt mit einer Menge fertig gebündelter Zigarren, Haufen fertiger Wickel, Schichten Deckblätter und Arbeitsgerät, großer hölzerner Wickelform, Topf mit Klebstoff, Messern und so weiter. Auf einer Holzbank vor dem Tisch ist eine Menge Zigarren zum Trocknen aufgeschichtet. Die Fenster der Hinterwand haben schlichte kattunene Scheibengardinen. Ein paar Blumen stehen in Kästen auf den Fensterbrettern. Sonst haben an der Hinterwand noch allerlei Gerümpel, Kästen und grobe Holzstühle Platz gefunden. An der rechten Seitenwand hinten steht ein großer und altertümlicher Schrank; vorne, vor der Türe zur Nebenstube, ein altes, schwarzledern bezogenes Sofa, davor ein Tisch und Holzstühle. Über dem Sofa an der Wand hängt groß ein Haussegen, um ihn herum Photographien. An den Wänden hie und da noch ein paar Buntdrucke, ein Brett mit Bibel und Hausbüchern. Die Diele ist mit weißem Sand bestreut. – Durch die immerwährend offenstehende Türe und die Fenster der Hinterwand blickt man auf die Koloniestraße. Jenseits der Straße und längs derselben zieht sich eine niedrige Mauer hin. Hinter dieser erheben sich, von dem grauen, rauchbedeckten Horizont scharf abstechend, die Anlagen des Berg- und Hüttenwerkes. Links sieht man den riesigen Schutthaufen der Berghalde sich verlaufen. Daneben und dahinter erheben sich die Dächer des Maschinenhauses, der Förderhalle, überragt von dem Schachtturme und dem hohen eisernen Förderstuhl mit den unablässig sich drehenden Treibrädern. Nach rechts ziehen sich die Dächer der Hüttenanlage; dahinter, dicht aneinandergerückt, die turmartigen Hochöfen mit ihren charakteristischen Eisenkuppeln. Und über dem Ganzen recken sich, gleich den Kirchtürmen einer Stadt, zahllose Rauchschlote, deren Qualmwolken über das Werk hinziehen. – Auf die Szene dringt ununterbrochen ein dumpfes Hämmern und Tosen, der Widerhall der Arbeit all der*

*Maschinen des Werkes. Oft hört man dazwischen eine Dampftube sowie das Pfeifen und Paffen der Rangierlokomotiven und das dumpfe Geräusch der abrollenden Kohlenzüge. – Sommertag. Nachmittag. Die Szene ist umdüstert von dem Rauch und Ruß des Werkes. Durch das eine Fenster sieht man draußen den weißen Kopf Vater Schniermanns, der Scherben zusammenkehrt und sie in einen Eimer wirft. Vor dem andern Fenster kauert Hannchen auf einem Stuhl und blickt mit langem Halse die Straße hinab. Hübsche Sechzehnjährige mit pikantem Gesicht und schwarzen Zopfhaaren, ärmlich, aber mit gewisser Putzsucht gekleidet. Mutter Lüchel, alte, ärmliche, gramgebeugte Frau, hantiert in der Stube; hat von der Wand Tannengewinde abgenommen und wirft es beim Ofen hin.*

HANNCHEN *in Pausen.* Vadder Sniermann, 's kommt wedder 'n Zug Lüüt ... Sie sind schon in der Waschkaue un in der Lampenbude ... jetzt kommen sie schon us'm Dhor ruus. Vadder Sniermann, is dat nich Pittjupp ... wohl?
MUTTER LÜCKEL *greift wütend nach einem Stock.* Nu, wirst du nu diene Wickel machen ...!
HANNCHEN *am Arbeitstisch.* Mudder, ja ... ich bün ja schon ...! Ich wollt doch bloß mal kieken, ob Pittjupp ...
MUTTER LÜCKEL. Mien Jung kommt schon zu siener Zeit. Morgen soll 'ch nach Dortmund zu Herrn Finkensiep, liefern. Hast du diene Wickel fertig ... hä?
HANNCHEN. Mudder, ich mach ja schon ...
MUTTER LÜCKEL. Einen Lärm macht heut dat Werk. Man versteiht sein eigen Wort nich. Wohl 'n hunnert Kohlenloren ham se heut schon abrangiert.
DER ALTE SCHNIERMANN *kommt herein, Mütze auf dem weißen Haar, alter Arbeitsanzug, steifbeinig, langsamer schlürfender Gang; Holzeimer, mit Scherben gefüllt, in der Hand.* Je ja, Mudder ... dat makt, sie müssen ein paar tausend Tonnen Stahlpanzerplatten nach Kiel liefern. Un Kohlen wer 'n se jetzt auch los, wo't bald Herbst is ... *Zeigt den Eimer.* Mudder Lückel, das 's hier der dritte Eimer. So veel Scherven, so veel Glück.
MUTTER LÜCKEL. Ah, aales Gerede. Wenn's nach den Scherven ging ...
DER ALTE SCHNIERMANN. Pscht, pscht, Mutter Lückel ... Scherven müssen sein bei 'n Polterabend. Wer's gut meint mit 'n Brautleuten, schmeißt Scherven vors Hüüsken. Na't war 'n ja nich alle gute Scherven. Den Han Franz hevv ich wat schmeißen sehen, un wie 'ch rauskieke, da war't 'n Pott ... *Flüstert Mutter Lückel etwas ins Ohr.*
MUTTER LÜCKEL. Ah bah, Vadder Sniermann ...

*Hannchen lacht hell auf.*

DER ALTE SCHNIERMANN *stellt lachend seinen Eimer beim Ofen hin und zündet sich eine kurze Tonpfeife an.* 's is all gleich ... 's is all gleich, Mudder Lückel. Glück wer 'n sie ham, unsere Brautleut, paßt upp.

MUTTER LÜCKEL. Ich segg so, Vadder Sniermann: wenn Gott mit ihnen is, dann ham sie Glück, aber wenn Gottes Segen nich dabei is, denn is kein Glück in der Ehe ... wohl?

DER ALTE SCHNIERMANN. Je ja, je ja ... *Eifrig.* Aber Scherven müssen auch sein, Mudder Lückel. Dat 's mal so von alters her. Der liebe Gott, ja ... aber Scherven müssen auch sein.

*Man sieht über die Koloniestraße Trupps von Berg-und Hüttenleuten kommen, die aufgeregt redend heimwärts gehen.*

PITTJUPP *junger Barsch von achtzehn Jahren, kommt herein. Schmutziger Arbeitsanzug, Kappe, Hose in groben, schmutzigen Stiefeln, das »Gezähe« (Werkzeug) auf dem Rücken, eine Blechkanne und Mundvorrat, in ein rotes Taschentuch gepackt, in der Hand.* Glück auf ...!

DER ALTE SCHNIERMANN. Glück auf, mien Jung.

MUTTER LÜCKEL. Glück auf ... nu, Pittjupp, wo auch blievste? 's is doch 'ne Stunde über die Schicht.

PITTJUPP *derweilen er sein Gezähe bei der Türe hinwirft, seine Arbeitsstiefel und seinen Kittel beim Ofen hinhängt, Pantoffel und einen gestrickten Kittel anzieht.* Je ja, jetzt heißt's tüchtig acheln auf der Zeche ... Jetzt kann man die Kohlenhunde nich schnell genug zur Strecke stoßen. Da heißt's immer: »Feder, feder! Faulenzen kannste draußen!«, e halv Stund ham w'r vom Ort bis zum Förderschacht zu laufen ... Ja, un wie w'r da ankommen, da is wieder mal dat verfluchtige Seil gerissen ...

MUTTER LÜCKEL *zu Tode erschrocken.* Wat seggste, mien Jung ...?

PITTJUPP. Nu, nu ... da passiert nix. Sie ham ja 'ne gute Keilfangvorrichtung dran. Aber warten muß man, bis se so 'ne Reparatur gemacht ham.

MUTTER LÜCKEL. Jung, Jung, dat du dich in acht nimmst, dat dir nix passiert.

PITTJUPP. An der Fahrung? Ah ja! Da wüßt ich andere Dinger, wo man sich fürchten müßt *Sieht sich vorsichtig um, ob's niemand hört.* Wie da jetzt, wo dem Steiger so 'n Flöz nich rasch genug abgebaut werden kann, die Zimmerlinge manchmal die Strecken ausbaun...t – hä! Wenn da mal dat Hangende vorzeitig zu Bruche geht, da drückt's die ganze Zimmerung ein ...

*Die drei stehen tief erschreckt.*

PITTJUPP. ... ich segg nix, ich weiß Bescheid. *Zum Fenster hinaus.* Nu Pittermann, mach ook, dat du zu Huus kommst. Diene Fruu will dir dat Füür stakeln!

*Gelächter der vorübergehenden Arbeiter.*

PITTJUPP. ... Och, dat liegt jo all an die Kerls selver. Die Inspektion kommt oft genug. Aber wenn da nur einer Kurasch hädde un seggt, wie't is. Aber da will keiner dat bißken Arbeit riskieren.
MUTTER LÜCKEL *eifrig.* Dat du dir man nich dat Muul verbrennst. Dat laß die Alten machen ... wohl?
DER ALTE SCHNIERMANN. Nu, wenn's doch sein muß ...!
MUTTER LÜCKEL. Hä ...? Du weißt schon, von wat du diene Pension hast ... also. Wir sünd froh, dat wir wohnen können un Arbeit ham un die Werksverwaltung nich kommt un seggt: »Frau Lückel, wir bräuken dat Koloniehuus; sucht euch in Dortmund 'ne Wohnung ...« Dat du dir man nich dat Muul verbrennst, Jung!
PITTJUPP. Ah ja. *Guckt zum Fenster hinaus.* Ich gläuv, Mudder ... da kommen die Brautleutens!
ALLE. Ah ...! *Sie gehen alle erwartungsvoll zum Fenster.*

*Jan Biggen und Trina kommen gleichzeitig herein; Trina mit ihren beiden Kindern, Hinnäck und Anngret. Der Mann hat einen gewöhnlichen, abgetragenen Sonntagsanzug an, ein Sträußchen im Knopfloch, auf dem Kopfe eine Knappenmütze: einfache Militärmütze, vorn Schlägel und Eisenzeichen. Er ist dreißig- bis fünfunddreißigjährig, grobstämmig, gutmütig. Die Frau trägt einfaches Sonntagskleid, ein buntes Tuch über die Schultern geworfen, keine Kopfbedeckung. Das Jungelchen und das Mädchen sind ärmlich, aber sauber gekleidet.*

DER ALTE SCHNIERMANN. Die jungen Eheleutens sollen leben ...!
ALLE. Ho-o-ch ...!
JAN BIGGEN. Nee, dat laßt man, dat laßt man unterwegens. Uns brummt noch der Kopp von gestern ... wohl, Trina? Wir wolln nu endlich aufhören zu feiern un feste zupacken.
TRINA. Wir ham nu lang genug Feiertag gehabt, nu soll's wedder Werkeltag sein.
MUTTER LÜCKEL. Nu, ein bißchen feiern müßt ihr eure Hochzeit schon. Dat is doch nich wie mal zu Tanze gehn.
JAN BIGGEN. Je ja, Mudder Lückel ... bei uns is dat doch all vorbei. Die rechten Hochzeitsleute sünd wir doch nich mehr. Wohl, Trina?
TRINA. Dat segg ich auch.

*Sie haben sich am vorderen Tische niedergelassen. Die Kinder spielen mit Hannchen. Schniermann und Pittjupp schauen sich an und lachen.*

DER ALTE SCHNIERMANN. Nu segg mal, Jan ... du darfst mich dat nich ievelnähmen ... Wie hat's euch denn gefallen, die erste Nacht im eigenen Neste, hä?

*Trina und Jan Biggen lachen.*

JAN BIGGEN. Dat will ich dir wohl seggen, Vadder Sniermann. Wir sünd noch gar nich zu Huus gewesen.

*Allgemeines Gelächter.*

JAN BIGGEN. Wir sünd gestern abend mit Kamerad Frohme heimgangen, un oben vor sienen Huus seggt 'r: »Jan«, seggt 'r, »wat wollt ihr zwei Minschenskinder bis nach Dortmund laufen. Bleibt bei mir.« Na, und da ham wir mit den Kleinen bei Kamerad Frohme logiert, so gut un so schlecht 's ging.

*Erneutes Gelächter.*

TRINA. Je ja, dat ham wir wohl recht gemacht. Denn seht ihr, wir ham eine ganz billige Wohnung in Dortmund, un unser Huuswirt seggt: »Frau Biggen«, seggt 'r, »Ihr Mann is 'n Bergmann. Der hat so schwere Arbeitsstiefel, un unter Ihnen wohnt 'n königlicher Bezirksschullehrermeister. So 'n Mann is nervös im Kopp von dat veele Studieren. Un darum soll Ihr Mann hübsch die Stiefel im Hausflur ausziehn, wenn 'r nachts zu Huus kommt.« Na un da sünd wir gar nich erst zu Huus gangen.
DER ALTE SCHNIERMANN. Je ja ... dat is gar nich wie 'ne Hochzeit mit euch beiden. Wie mien Vadder selig noch lebte, dat war 'n Bauer ... un wie mien Bruder selig Hochzeit machte, da ham wir 'nen ganzen Ochsen geschlacht' un ein Swien, un Kuchen hat mien Mudder selig gebacken. Un dann ham wir mit die Nachbarbauern acht Dage zusammengesessen un ham geachelt und gedrunken ... hähä!
JAN BIGGEN. Vadder Sniermann, mach man keinen Dampf. Wenn du mir 'n Swien schaffst, schlachten will ich's schon, un essen wolln w'r's auch ... wohl?

*Allgemeines Gelächter.*

DER ALTE SCHNIERMANN. Je ja ... Un am zweiten Hochzeitsmorgen, grad so wie jetzt, da saß dat junge Paar am Tische ... dat nennen die westfälischen Bauern:

»Brauthahnsitzen« ... hä hä! ... un dann kommt jeder Hochzeitsgast un gibt 'nen Daler oder zweie ...

JAN BIGGEN *hoppt auf den Tisch.* Nu denn wer' ich jetzt mal Brauthahnsitzen, Vadder Sniermann, un nu lang du mal in diene große Tasche ...

*Allgemeines Gelächter.*

DER ALTE SCHNIERMANN. Ei, verflüchtig noch mal ... Sühst du, Jan, da kann ich vor Lachen nich rein mit der Hand ...

JAN BIGGEN. Vadder Sniermann, du sollst keinen ehrlichen Dot sterben, wenn du dem Brauthahn nix rausgibst!

DER ALTE SCHNIERMANN. Nu denn ... ja, wenn du so sprichst, Jan ... na, da wolln wir mal unter Arbeitsleuten lustig sein. *Langt ein Geldstück.* Dahier, Pittjupp. Hupp mal an die Ecke und hol für fünf Groschen Klaren.

ALLE. Ah!

JAN BIGGEN *springt herab.* Dat war mal 'n Wort. Sollst leben, Vadder Sniermann!

*Pittjupp läuft mit einer Flasche hinaus.*

MUTTER LÜCKEL *bringt Käse, Brot und Butter.* Hunger werdet ihr beide auch ham ... wohl? Da hätt ich 'nen guten Landkäse un Schwarzbrot.

JAN BIGGEN. Nu, ich danke, Mudder. Aber wat die Trina is, un die Kinderkens, die werden wohl einbauen.

TRINA. Danke, Mudder ... Dahier, Hinnäck, Anngret! Erst ein Stückchen Käse ... Ja, früher, da hevv ich immer in Mudders Brotschapp gekiekt, aber nu heißt's: Annerswo wa't ok Brot backt.

MUTTER LÜCKEL. Nu, nu, Trin ... wenn ja schwere Zeiten kommen, denn sprich nur vor. Solang wat da is, wird's gedeilt.

JAN BIGGEN. I ... Mudder, die Fäuste hier un Trinens Fäuste, die wer 'n wohl Brot genug for die paar hungrigen Mäulers bringen.

*Liesa kommt herein. Hübsches Mädchen, über die Zwanzig; ernst, ruhig, einfache Kleidung: Tag zusammen.*

ALLE. Tag ... Tag, Lies.

MUTTER LÜCKEL. Nu, büst du für heute fertig worden, Liesa?

LIESA. Ja, Mudding. Och dat is vorm Lohndag ein Schaffen im Produktenverein. Da müssen wir die Ware vorwiegen, damit's annern Dag recht schnell geht, denn wenn der Laden voll Arbeitsfrauen steht, dat is 'ne Ungeduld. *Klopft ihrer Schwester auf die Schulter.* Nu Trina ...? War der Herr Diakonus schon da, Mudding?

MUTTER LÜCKEL. Nee, Kind. Wat sollte er auch?

LIESA *mißgestimmt.* Hm. Er wollte mir doch die Bücher bringen. *Greift ein paar Bücher von der Kommode und blättert darin.*

JAN BIGGEN *lacht, summt spöttisch.* »Spinn, spinn, spinn, Mägdelein ...«

LIESA *wirft ärgerlich die Bücher hin.* Jan, laß dien dummen Zeug!

MUTTER LÜCKEL. Je ja, wat is denn auch?

DER ALTE SCHNIERMANN. Hähä, der Jan ... Seht Ihr, Mudder Lückel, er fexiert sie. Un dat's nich richtig, sie hält's nich mit 'n Mannsleuten.

JAN BIGGEN. Ich segg ja nix. Liesa, zieh man keine Snute, hörst du?

MUTTER LÜCKEL. Uns' Liesa ... ich segg bloß, wenn sie alle so wären wie uns' Liesa, da hätt's keine Not. Bei der Hannchen, da wardst du recht ham, aber uns' Liesa ...

DER ALTE SCHNIERMANN. Ja, uns' Hannchen ... hähä. Dat's wohr. Da darf auch nich ein Mannsbild die Koloniestraße runterkommen, gleich kiekt se mit 'nem langen Hals, hähä.

HANNCHEN *maulig.* Snak du auch nich, aale Grootsnut!

MUTTER LÜCKEL. Wat is dat? Willst du, Rotznas, einen aalen Mann schimpfen ...!

HANNCHEN. Wenn's doch nich wahr is ...

DER ALTE SCHNIERMANN. Na, laß sie man, Mudder Lückel. Die denkt, sie kann einen aalen Mann wat wies machen. Aber miene Augen sehen gut, die sehen durch und durch, hähä. Die sehn auch, warum der Volontär so oft hier rumstreicht, und dat nimmt mal 'n schlechtes Ende, dat segg ich.

HANNCHEN. Wat hätt ich mit Herrn Langenscheidt, hä?

MUTTER LÜCKEL. Wirst du man ...!

JAN BIGGEN. Dem Langenscheidt würd die Birn da wohl schmecken ... he?

MUTTER LÜCKEL. Der Langenscheidt kommt oft her ... Du mien Gott, rutsmieten kann ich ihn doch nich ... wohl? Wir dürfen hier nich mucksen. Aber wenn ich sähe, dat mien Mädchen ... *Wütend.* Sühst du, einen Knüppel nahm ich, du verfluchtes Ding ...

ALLE. Na, Mudder ... Mudder Lückel!

PITTJUPP *kommt mit der Schnapsflasche herein und stellt sie auf den Tisch.* Dahier.

JAN BIGGEN. Na, Mudder, denn gewt man Gläsken her ... Wat der Langenscheidt is, der lebt auf sienes Vadders Kosten un weiß nich, wie er die Zeit dotschlagen soll. Dat könnt ihm nu so passen, dat kleine Hannchen, hähä.

MUTTER LÜCKEL *stellt die Gläschen auf den Tisch.* Mien Lebdag hevv ich drauf gehalten, dat miene Kinners in der Zucht und in der Gottesfurcht aufwachsen. Aber wenn nu uns' Hannchen, un sie macht mir die Schande ... *Bricht in Tränen aus.*

ALLE. Nu, Mudder ... nu heul auch nich, Mudder ... wat is denn da zu heulen, Mudder ...

*Mutter Lückel wehrt ab und setzt sich an den Ofen.*

TRINA. Mudder hat ganz recht, un du sollst upp dien Mudding hören, Hannchen. Dat 's nich gut, wenn so 'n lüttes Ding sich mit Mannsleuten rumtreibt. Ja, wenn sie einen Mann findet, der's ehrlich meint, so wie ich den Jan habe ... dann is's recht ...

JAN BIGGEN. Hähä. Wenn wir allein sünd, dann streit' sie, sich mit mir, un bei annern, da lobt sie mich über den Schellendaus!

TRINA. Nee, Jan, zieh du dat mal nich in't Lachen ... Du bist mir treu blieven all die Jahr. Du hast unsern zwei Kinderkens einen ehrlichen Namen gegeben vor aller Welt. Un daför bün ich dir so von Herzen gut ...

JAN BIGGEN. Je, ja, du heulst, Trine ... wohl? Hahaha! *Küsse.* So 'ne gute Fruu hätt ich doch all mien Lebdag nich wedder kriegt ... Na un nu wolln wir mal drinken. Prost!

DER ALTE SCHNIERMANN UND PITTJUPP. Prost! *Sie trinken.*

LIESA *die mürrisch am Fenster saß, steht hastig auf.* Tag, Herr Diakonus.

DIAKONUS KÖRTING *großer Mann, Mitte Dreißig, blondes langes Haar; blonder kurzer, ungepflegter Bart; im mageren Gesicht Ausdruck von Verbissenheit. Abgetragene Kleidung: schwarzer alter Pastorenrock, Ellenbogen und Unterärmel verschossen, glänzend schmutziger Kragen; schwarze Hose hochaufgeschlagen, unten voller Lehmspritzer; derbe Landstiefel, dick mit Lehm beschmutzt; abgegriffener schwarzer Hartfilzhut; derber Knotenstock; Bücher unter dem Arm.* Gott zum Gruß zusammen!

ALLE. Dag, Herr Diakonus, Dag.

KÖRTING. Tag, Mutter Lückel. Ich komme eben durch die Kolonie, un da fiel mir ein, daß ich der Liesa ein paar Bücher versprochen hatte ... Wo is sie denn? Ach, guten Tag, Fräulein Liesa. Hier bringe ich Ihnen die Bücher.

LIESA *nun sehr aufgeheitert.* Ich dank Ihnen auch sehr, Herr Diakonus.

KÖRTING. Aber keine Ursache, liebes Fräulein ... haha. Warum sollen sie denn auf der Diakonie verstauben? Ich wollt, ich hätt noch ein paar so wißbegierige Leserinnen ... ja. Na, wat machen Sie denn da, Vadder Sniermann?

DER ALTE SCHNIERMANN *der den Schnaps verstecken wollte.* Je ja, Herr Diakonus ... ich wollt bloß man ... Wir ham ein bißchen Schnaps, sehen Sie ...

KÖRTING. Na, und den werdet Ihr doch auch trinken dürfen ... wohl?

DER ALTE SCHNIERMANN. Ja ... hähä ... wenn wir dat dürfen, Herr Diakonus ...?

KÖRTING. Champagner könnt Ihr doch nicht trinken ... wat? Also ... so laßt Euch nur Euer Schnäpsken schmecken.

*Der alte Schniermann stellt den Schnaps wieder hin.*

LIESA. Sie waren über Land, Herr Diakonus ... wohl?
KÖRTING. Ja. Da is in Lütgendortmund eine alte Frau, die schön seit zwei Jahren nich mehr in der Kirche war. Na, und da bin ich eben zu ihr gegangen ... Meine Stiefel, haha ... ja, die sehen gut aus, liebes Fräulein. Der Superintendent sagt immer: »Körting, Sie müssen mehr auf Ihr Äußeres halten.« – »Herr Superintendent«, sag ich, »für Lackschuhe langt mein Gehalt nicht. Unser Heiland ist barfuß gegangen, da wird's mir die aale Fruu nicht übelnehmen, wenn ich ihr Gottes Wort in Lehmstiefeln bringe.« Wohl?

*Alle stille Zustimmung.*

MUTTER LÜCKEL. Da sünd Sie nu wohl recht von Herzen hungrig, Herr Diakonus? Ja, wenn ich Ihnen wat anbieten dürfte, Käse un Butter ...?
KÖRTING. Meine liebe Mutter Lückel ... ja, wenn Sie schon wollen. Sie haben da Sauerländer Brot ... wohl? Das Ist sehr nahrhaft. Wenn Sie mir davon eine Schnitte ...
TRINA. Hier is Butter, Mudding.
KÖRTING. Nein, nein. Eine trockene Schnitte ... So. Gott segne Sie, Mutter Lückel. *Beißt hinein.* Ah. – Und wenn Sie nun noch ein Glas Wasser hätten ...
ALLE. Aber, Herr Diakonus ...
KÖRTING. Nein, nein, Leute, danke wirklich ... *Nimmt ein Glas und schöpft sich selbst aus dem Eimer auf der Topfbank Wasser.* Nur Wasser. Ihr wißt gar nicht, was für ein gutes Wasser wir hier haben. *Trinkt.* Ah –! Das schmeckt mir besser als all der Kram. *Setzt sich abseits.* Na Hannchen, so fleißig bist du? Immer dieses Giftzeug machen?
MUTTER LÜCKEL. Je ja, Herr Diakonus. Die muß eben. Wovon solln wir leben?
KÖRTING. Ja, das ist's eben. Wovon sollt ihr leben! Und deshalb muß sich das arme Ding die Lunge vergiften.
DER ALTE SCHNIERMANN. Ja, un wenn man süht, wat se rinnwickeln muß. Der reine Dreck. Un die Arbeiters müssen's smöken.
HANNCHEN *kommt eifrig vor.* I, Vadder Sniermann, dat du dich man nich irrst. Meine Sigarrn ... da smökt sogar der Herr Hüttendirektor Klönne welche. Wie ich liefern war, segg ich: »Dag, Herr Finkensiep, hier bring ich die Vierpenningsigarrn för 'n Produktenverein.« Seggt der Lehrling: »Der Herr Hüttendirektor Klönne hat fünfhunnert Havannas bestellt, un se sünd ausgegangen.« – »Na«, seggt Herr Finkensiep, »denn mach mal Flecken.« Un da nimmt der Lehrling miene Vierpenningsigarrn un bespritzt se mit Salpetersäure, dat se man so mürbe Flecken kriegen, wie von der Sonne. Und denn seggt 'r: »So, dat sünd nu die Havannas för 'n Herrn Hüttendirekt'r!«

*Gelächter.*

KÖRTING. Und solchen Betrug muß das Kind mit ansehen!

MUTTER LÜCKEL. Ja, so wat, wat se nich sehn soll, dat merkt se sich gleich. *Klopft an Körtings Rock.* Sie ham sich 'n bißken beschmutzt, Herr Diakonus.

KÖRTING. Ach, das wird so schlimm nicht sein, Mutter Lückel. Der alte Rock ... er ist vom Herrn Superintendenten. Zu neuen Sachen langt's bei mir nicht, und so kaufe ich ihm seine getragenen Röcke ab. Oh, er gibt das Geld den Armen ... aber immerhin ... ich könnte mir Brot dafür kaufen, sehen Sie ... *Sich unterbrechend.* Na, ihr jungen Eheleute, ihr seht nun alles durch die rosige Brille ... wohl?

JAN BIGGEN. Na, dat möcht ich nich seggen, Herr Diakonus. Wir müssen uns nu recht schinden ... wat, Trina?

TRINA. Ja, dat müssen wir, Herr Diakonus. Aber wir wissen doch nu auch, wozu. Die Kinnerkens ham einen Vadder.

KÖRTING. Ja, das ist wahr. Sie können nun vor aller Welt sagen: seht, das ist unser Vater.

TRINA. Dat hevv ich auch seggt, Herr Diakonus.

KÖRTING. Und das ist etwas wert. Ich bin im Waisenhause zu Bochum aufgewachsen, ich habe nicht Vater noch Mutter gekannt ... *Sich zusammennehmend.* So trinkt doch, Leute, und seid guter Dinge! Mir scheint, ich habe euch alle Fröhlichkeit genommen ... wohl?

JAN BIGGEN. Nu, sehn Sie, Herr Diakonus, nach Rumhoppen un Schelmzeugmachen steht uns armen Leuten nich der Kopp.

TRINA. Je ja, wenn man Not un Sorgen hat, da mag man nich springen ... Un nu wolln wir mal in unsre Wohnung gehn, Jan, un för die Kinnerkens sorgen.

*Sie erheben sich.*

KÖRTING. Na, Not und Sorgen werdet ihr genug haben, aber ... Kopf hoch, Jan Biggen! Warum trinkt ihr denn euer Schnäpsken nich aus?

JAN BIGGEN. Nu ... wir wer 'n doch nich ... un der Herr Diakonus denkt dann, wir wären so 'ne Süffel.

KÖRTING. Aber, lieber Biggen, nu red man kein dumm Zeug. Nehmt mal eure Gläsken un trinkt euch 'ne Kurasche. Los, Frau Biggen, auf daß Sie eine tapfere Fruu werden. Na, Pittjuppche, du hast dir wohl auch dein Schnäpsken erarbeitet, Vadder Sniermann ...?

DER ALTE SCHNIERMANN. Ja, sehn Sie, mir kommt's zu, Herr Diakonus. Ich hab't ja überhaupt gegeben aus miene große Tasche, hähä.

KÖRTING. Na also. Und Mutter Lückel ...? Haha, Mudder, ich gläuv, Ihr drinkt auch manchmal Euer Schnäpsken, wenn't so dasteht. He?

MUTTER LÜCKEL. I, Herr Diakonus, ich wer' doch nich ...

DER ALTE SCHNIERMANN. Gewiß trinkt sie einen, Herr Diakonus ... hähä!

MUTTER LÜCKEL. Aber, Schniermann, das 's doch ...! 'ne aale. Fruu ...

KÖRTING. Haha ... Na, dann nehmt Euer Gläsken, Mudder, un stoßt an. Auf das Wohl Eurer Kinder. So-o-o.

ALLE. Prost!

KÖRTING. Seht ihr. Warum sollt ihr nicht guter Dinge sein, an eurem ersten Ehetage. Freuet euch mit den Fröhlichen ... Und nun, da Ihre Tochter das Elternhaus verläßt, müssen Sie ihr den Segen geben ... Sie müssen eine Rede halten, Mutter Lückel!

ALLE *fröhliches Gelächter.* Ja, eine Rede muß sie halten ... Vorwärts, Mudder Lückel ... Mudder, red mal 'n paar Wörter ... Mudder, segg uns mal 'n Wort.

KÖRTING *schiebt sie hin.* Hier müssen Sie sich hinstellen, Mudder ... hierhin ... und recht feierlich, daß es den Kindern eine rechte Herzenserquickung ist.

MUTTER LÜCKEL *steht unbeholfen da, den Schürzenzipfel am Munde, stottert die Worte heraus, kommt allmählich in Rührung und Erregung.* Ach nee, ach nee ... wat soll ich aal Fruu auch seggen. Ich weiß ja nich ... Ich wünsch euch Gottes reichsten Segen, ja ... wenn ihr in't eigen Huus kommt, dat ihr glücklich seid, ja ... un ... ich hevv immer för miene Kinners sorgt un hevv mich gemüht, daß ich sie groß brächt, wo doch mien Mann selig nich mehr för euch sorgen konnte. Un wenn ihr Hunger hattet, dann hevv ich manchmal dat letzte Stücksken Brot genommen un hevv et euch geben un hevv selber gehungert. Un nu gehst du fort von dien Mudding, Trina, un gehst vielleicht in Kummer un Not. Aber halt nur den Kopp hoch, Trina, un vertrau auf Gott. Ich segne euch, Kinners, ich segne euch. *Sie legt ihnen weinend die Hände auf.*

KÖRTING. Der Eltern Segen bauet den Kindern Häuser. Jetzt könnt ihr in Frieden gehen. Aber kommt Kummer und Not, dann nehmt's nicht demütig hin, dann ringt mit eurem Schicksal wie Jakob: »Ich lasse dich nicht, du segnest mich denn!« Und wenn's schier unerträglich wird, dann blickt empor mit blitzenden Augen. Er sieht euch, Er, der den Armen hilft, der Gott des Zornes und der Gott der Rache!! *Er läßt, erschreckt über sich selbst, die erhobenen Fäuste sinken und tritt weg; mit leiser Stimme.* Gehet in Frieden.


*Die andern stehen ergriffen, dann reichen sie sich die Hände.*


Adjüs ... Adjüs, Mudding ... Adjüs, Kinners.

DER ALTE SCHNIERMANN. Wir werden euch man bis zur Straße begleiten. Wat, Mudding?

*Sie begleiten die beiden Biggens nebst den Kindern hinaus, die Koloniestraße hinab; nur Körting und Lisa bleiben zurück. Es beginnt allmählich zu dunkeln. Die Gebäude des Hüttenwerkes und der Zeche liegen mit ihren riesigen Schornsteinen gleich schwarzen Schatten da. Hinter ihnen färbt sich der Abendbimmel vom Widerschein all der Feuer blutrot. Ununterbrochen hält das Getöse der Arbeit im Werke, das Pfeifen und Rangieren der Züge an. Manchmal hört man einen dumpfen Knall. Dann flammt der Widerschein eines Hochofens grell auf und taucht das Zimmer in eine dunkelrote Glut, die langsam wieder erlischt.*

KÖRTING. Nun, Liesa, Sie sind nicht mitgegangen?

LIESA. Nein, Herr Diakonus, und ich möcht fast, Trina und Jan wären ganz allein gegangen.

KÖRTING. Ei, warum?

LIESA. Sie haben ihnen so schöne Worte seggt, Herr Diakonus. Darüber sollte man sie nachdenken lassen.

KÖRTING. Ja ... und doch, ich hätte das nicht sagen sollen. Aber es packte mich plötzlich so, als ich dieses junge Menschenpaar ansah, das zum Kämpfen doch die Kraft hat Das darf sich nicht demütig in alles fügen ... das ist Frevel an der eigenen Stärke ...!

*Die Dämmerung bricht herein.*

LIESA. Soll ich die Lampe anzünden, Herr Diakonus?

KÖRTING. Nein, bitte, lassen Sie nur. *Der Hochofen flammt auf.* Ha, diese prächtige Glut des Hochofens! Sooft ich im Abenddunkel über die Felder dahinschreite, ist es mir immer wieder ein unvergeßlicher Anblick. Ich kann mich förmlich daran berauschen ... Wissen Sie, Liesa, so ärmlich es bei Ihrer Mutter ist, so behaglich ist es aber auch. *Sitzt träumerisch beim Ofen.* Als kleiner Junge habe ich stets mit einer wahren Gier Märchen gelesen. Davon ist etwas in mir haftengeblieben. Wenn ich manchmal hier in der Dämmerung sitze, so ganz allein und ungestört, dann fallen mir die deutschen Märchen ein. Aus allen dunkeln Winkeln tauchen Gestalten hervor. Das Wichtelmännchen oder eine Märchenprinzessin mit einer demantenen Krone. Und plötzlich lodert dann die Glut des Hochofens auf wie die Sonnwendfeuer der alten Germanen, die drüben vom Teutoburger Wald bis zum Haarstrang hinflammten ...! Manchmal muß ich denken: ein Stückchen des alten germanischen Heidentums steckt doch noch in uns allen ... *Steht auf.* Ach, Sie werden mich mit meinen Kindergedanken recht lächerlich finden ... wohl?

LIESA. Ach nein, Herr Diakonus. Ich hör Ihnen gern zu. Früher hab ich von unserm Leben stets sehr niedrig gedacht, aber Sie zeigten mir soviel Schönes ... Ich muß Ihnen daför ja so dankbar sein.

KÖRTING. Ach, reden Sie nicht so, Fräulein.

LIESA. Ja, Herr Diakonus, ich weiß sehr wohl, wat ich för 'n dummes Ding war, eh Sie herkamen. Dann ham Sie mir Bücher gebracht, ham mich unterrichtet und belehrt ...

KÖRTING. Ich habe einfach den in Ihnen schlummernden Wissensdrang geweckt und, wie ich hoffe, in die rechte Bahn geleitet. Ich wollt, ich hätt unter den Kolonieleuten viele solche Lernbegierige. Oh, mit welcher Lust wollt ich ihnen Lehrer sein! Aber die Leute sind materiell zu gedrückt, um zu empfinden, wie sehr sie geistig Hunger leiden.

LIESA. Ich glaube, Sie werden über mich lachen ... Aber sehen Sie, wenn Sie hier sünd, dann bün ich so glücklich, Herr Diakonus ... Und so hängt die ganze Kolonie an Ihnen.

KÖRTING. Ich freue mich auch stets, wenn ich meinen Fuß über eure Schwelle setze, Fräulein Liesa. Mir ist, als sei in unser beider Wesen soviel Verwandtes ... ich glaube, wenn wir Bruder und Schwester wären, wir würden unzertrennlich sein. Was, Liesa?

LIESA. Ja, ja ... Herr Diakonus ...

KÖRTING *bei ihr stehend*. Es wird wohl vielen Menschen so gehen. Sie gehen fremd aneinander vorbei, und innerlich gehören sie doch zueinander ... Man möchte oft mit dem Schicksal hadern ... Liesa ...!

*Sie stehen beieinander und sehen sich wortlos an. Wie Schritte kommen, fahren sie erschreckt zusammen.*

LANGENSCHEIDT *junger Mann, bißchen Schnurrbart, gelbes krankes Gesicht, umränderte Augen, müder Gang, schlaffes, energieloses Wesen, krankhaft wechselnde Stimmung; überlegener Spott, betuliche Freundlichkeit, Jähzorn. Elegante Kleidung: schottischer Anzug, Joppe, Kniehosen, Wadenstrümpfe, Schnürschuhe, Mütze. Immer die Zigarette im Munde, die er, eben angezündet, überdrüssig wegwirft, um eine neue anzuzünden.* He, Mudder Lückel ...! *Kommt herein.* Wo steckt Ihr denn? 'n Abend, Fräulein Liesa ... Nanu. Wen ham wir denn da? *Tritt dicht vor Körting, leuchtet ihm mit einem Zündholz ins Gesicht.*

KÖRTING. Was fällt Ihnen ein ...?

LANGENSCHEIDT. Bitte, echauffieren Sie sich nich ... Mach mir ja bloß 'ne Zigarette an. *Tut dies, dann höhnisch.* Nehm'n Se's mir nich übel, wenn ich gestört haben sollte.

KÖRTING. Ich muß sagen ... solche Beleidigung ...! Sie wissen nicht, mit wem Sie reden!

LANGENSCHEIDT. Wer sind Sie denn groß?

KÖRTING. Das möchte ich Sie fragen.

LANGENSCHEIDT. Langenscheidt ... Volontär auf dem Werksbüro.

KÖRTING. Sie interessieren mich ganz und gar nicht.

LANGENSCHEIDT. Mein Vater ist der Vorsitzende des Aufsichtsrats, Geheimrat Langenscheidt.

KÖRTING *betreten.* Ach ... da bitte ich um Entschuldigung, Herr Langenscheidt. Sie werden aber zugeben, daß eine solche nichtachtende Art ... Ich bin der Diakonus Körting.

LANGENSCHEIDT. Sie sind der Diakonus ...? Da nehmen Sie mir nur meinen Spaß nicht krumm, Herr ... Herr Körting. Da hab ich ja allerdings nicht gestört ... hähä.

LIESA. Ich werde Licht machen ...

LANGENSCHEIDT. Aber machen Sie doch keine Umstände, Fräulein Liesa. Mir brennt der Hochofen hell genug. *Setzt sich.* Ich hab schon zum Direktor Klönne gesagt, wenn's nach mir ginge, müßten die Kolonieleute dem Werk 'ne Beleuchtungsabgabe zahlen. Der Hochofen ersetzt 'ne Gasanlage.

*Pause.*

LANGENSCHEIDT. Wissen Sie, eigentlich freut's mich, daß ich mal Ihre Bekanntschaft mache, Herr Körting. Ich habe schon mehrfach von Ihnen gehört.

KÖRTING *kühl.* So, so.

LANGENSCHEIDT. 's scheint, Sie sind sehr beliebt unter unserer Arbeiterbevölkerung?

KÖRTING. Wenigstens glaube ich nicht, daß ich einen Feind unter ihr habe.

LANGENSCHEIDT. Sie sind wohl aus der Gegend?

KÖRTING. Ich stamme aus Bochum.

LANGENSCHEIDT. Na, da wissen Sie ja, wie man mit den hiesigen Leuten umgeht.

KÖRTING. Oh, ich bin darin niemals spekulativ gewesen. Die Leute empfinden, daß ich zu ihnen gehöre. Ich will nicht mehr sein wie sie und muß auch oft Not und Kummer leiden wie sie ...

LANGENSCHEIDT. T-hä ...! Wissen Sie, ich kann's nich leiden, wenn jemand stets so ostentativ von seiner Notlage spricht.

KÖRTING. Ei wie ...?

LANGENSCHEIDT. Das kommt grade so raus wie: seht mal den schlechten Rock, den ich anhabe, und trotzdem bin ich so 'n tüchtiger Kerl ...! Wir sind auch nich auf den Kopf gefallen, das kann ich Ihnen sagen.

KÖRTING. Ich begreife nicht ...

LANGENSCHEIDT. Oh, ich weiß schon, wo ich hinauswill ...! Nu, Fräulein Lies, wat maken wir denn?

LIESA. Für uns geht ein Tag so wie der andre dahin, Herr Langenscheidt.

LANGENSCHEIDT. Dann müssen Sie sich selbst 'n bißken Abwechslung schaffen, hähä.

LIESA. Ich trage kein Verlangen danach.

LANGENSCHEIDT. Immer wie so 'n Stück Eis. Zehn Schritt vom Leibe. *Geht auf sie zu.* Muß der Mensch denn immer ernst sein? Sein Sie doch mal leichtsinnig, Liesa. 'n ganz kleines bißken ... he? Hähähä.

LIESA. Herr Langenscheidt ...!

*Körting räuspert sich.*

LANGENSCHEIDT *zu Körting.* Ah Pardon. *Schlendert umher.* Sie kommen wohl öfters hierher, Herr Körting?

KÖRTING. Oh ... nur ab und zu führt mich mein Amt mal zu Mutter Lückel.

LANGENSCHEIDT. Aha. Die Mädels sind also so quasi Ihre Pfarrkinder? Wie komm ich Ihnen denn da vor? Wie so 'n Wolf in der Hürde ... wat? Ja, von mir lernen die Mädels nix Gutes.

KÖRTING. Ich weiß ja nicht, was Sie ihnen zu lernen belieben, Herr Langenscheidt.

LANGENSCHEIDT. Na, Bibelsprüche lernen wir nich auswendig, hähä. *Wirft die Zigarette hin.* Äh! Heute hab ich wieder 'nen Kopfschmerz! Ich kann mich nich lassen! Ganz dumm wird einem ...! Wissen Sie, mich treibt überhaupt nur die scheußlichste Langeweile hierher. Daß mich mein Vater auf die Rote Erde verbannt hat, kann er im Leben nich verantworten.

KÖRTING. Verzeihen Sie, aber soviel ich weiß, wollte doch der Herr Geheimrat, Sie sollten als der zukünftige Erbe Ihres großen Hüttenwerkes an der Saar einen verwandten Betrieb kennenlernen?

LANGENSCHEIDT. Ja, ja ... das wollte er wohl. Aber wenn man keinen Trieb hat ... *Zündet eine Zigarette an.*

KÖRTING. Ei, das verstehe ich nicht, Herr Langenscheidt. Die Vorstellung, daß ich dermaleinst ein solches Riesenwerk mit Tausenden Arbeitern mein nennen würde, hätte für mich etwas Hinreißendes. Ich würde alles kennenzulernen suchen, damit ich meinen Platz ausfüllen könnte.

LANGENSCHEIDT. Äh, leeres Gerede. Wenn man das Gefühl hat, das alles hat ja gar keinen Zweck ...

KÖRTING. Keinen Zweck? Aber Herr Langenscheidt ...

LANGENSCHEIDT. Jawohl. Was soll ich denn damit anfangen? Für unsere Betriebsleitung is 'n Direktor da und soundso viele Ingenieure. Die machen die Sache, schließen die Lieferungsverträge ab und verteilen die Arbeit. Mein Vater gibt bloß mal 'ne Unterschrift. Und so wird's bei mir auch sein. Wollt ich anfangen, unsern Technikern Vorschriften zu machen, so würd ich bloß Verwirrung stiften. Sagen Sie selbst, ob's da Zweck hat, den Betrieb kennenzulernen?

KÖRTING. Aber man sollte doch meinen, ein solcher Riesenbetrieb ...

LANGENSCHEIDT. Eben drum. Da verschwindet der einzelne. Wenn ich mal meines Vaters Platz übernehme, dat is bloß 'ne Formsache. Und sich so überflüssig fühlen ... ich sag Ihnen, das lähmt jede Schaffenskraft und jeden Trieb.

KÖRTING. Nun, würden sich Ihnen denn da nicht um so mehr andere Tätigkeitsgebiete öffnen?

LANGENSCHEIDT. Sagen Sie mir doch eins ... Ich habe gesucht und gesucht ... Erst sollte ich natürlich die militärische Karriere machen, aber dabei war mein leidender Zustand das Hindernis. Dann interessierte mich Malerei und Skulptur. Künstler wollte ich werden! Oh, ich hatte schon Trieb, und Fähigkeit hatte ich auch ... jawohl. Ich habe gute Anfängerarbeiten geliefert. War ich 'n armer Teufel gewesen, da hätte man mich mitleidig ermuntert und protegiert. Aber so war ich der Millionenerbe, der sich einbildete, mit seinem Gelde könne er alles werden. Förmlich gebettelt habe ich um 'ne Anerkennung, um 'ne Aufmunterung ... äh! Und so war's mit allem. Nichts sein als reich sein, das is verdammt wenig.

KÖRTING. Mir will auch scheinen, daß Ihr Leiden Sie unnütz verbittert macht, Herr Langenscheidt.

LANGENSCHEIDT *im Umhergehen stehenbleibend.* Aber in mir sollen sie sich verrechnet ham! Denen, die mich über die Achsel ansehn, werd ich's mal zeigen, wen sie vor sich ham! Zittern sollen sie vor mir!! *Er hat einen schrecklichen Hustenanfall.*

KÖRTING. Herr Langenscheidt, Sie sollten sich nicht so erregen.

LANGENSCHEIDT. Äh ... manchmal da packt mich so die Wut ...

KÖRTING. Hören Sie, Herr Langenscheidt, Sie sind noch ein so junger Mann ... Verzeihen Sie, wenn man jung ist, läßt man sich nicht gerne an die geringe Zahl seiner Jahre erinnern; aber es ist doch ein Vorzug, jung zu sein. Und ich meine, Sie sollten sich zusammenraffen und sich aus Ihrem eignen Selbst heraus ein Ideal zu bauen suchen.

LANGENSCHEIDT. Glauben Sie noch an sich selbst?

KÖRTING. Ja, das tu ich, Herr Langenscheidt, und das ist doch noch das einzige, was uns aufrechterhalten kann.

LANGENSCHEIDT. Aufrechterhalten ...? Wissen Sie, die eine Lebenserfahrung schein ich nu doch vor Ihnen vorauszuhaben: daß es keinen gemeineren Lügner gibt als den, der sich selbst belügt.

KÖRTING *steht starr.* Mir scheint, es ist besser, daß ich gehe ... ich könnte mich sonst vergessen. *Nimmt Hut und Stock.* Gott möge Sie schützen und behüten ...

LANGENSCHEIDT *faßt seinen Arm.* Bitte, lassen Sie mich zufrieden.

KÖRTING. Guten Abend, Fräulein Liesa.

LIESA. Herr Diakonus ...!

LANGENSCHEIDT. Hä ...! Sie lassen mich mit Ihrem Pfarrkind allein?

KÖRTING. Ja. Denn wenn ich vielleicht Besorgnisse gehabt hätte, jetzt brauchte ich sie nicht mehr zu haben. Guten Abend, Fräulein. *Er geht.*

LIESA. Guten Abend, Herr Diakonus.

*Der Hochofen flammt auf.*

LANGENSCHEIDT. Da hab ich Ihnen, wie's scheint, 'nen Freund vertrieben?

LIESA *empört.* Wenn Sie Körting so schimpflich beleidigen.

LANGENSCHEIDT *jähzornig.* Er soll sich nicht aufspielen ... mir gegenüber ...! Tun so, als ob sie erhaben seien über mich. Sie die Starken und ich der Schwächling. T-hä! Mit all seinem Glauben an sich selbst kann er sich noch nicht mal 'nen sauberen Rock erarbeiten.

LIESA. Herr Langenscheidt ...!

LANGENSCHEIDT. Was hier ...! Ich hab vielleicht mehr Mut gehabt wie der. Und überhaupt, wenn ich auch nichts bin, sitz ich mal an meines Vaters Platz, so bin ich doch mehr wie die alle zusammen. Vor mir wird mancher kuschen müssen, der mich jetzt über die Achsel ansieht. *Zündet eine Zigarette an.* Liesa, seien Sie mir nich böse ...

LIESA *achselzuckend.* Sie wissen ja, daß wir uns alles gefallen lassen müssen; wir sind ja hier so abhängig. *Nimmt aus der Ecke eine Gießkanne.*

LANGENSCHEIDT. Wo wollen Sie denn hin?

LIESA. Wir haben ein Stückchen Gartenland. Ich will in der Dämmerung noch ein bißken gießen.

LANGENSCHEIDT. Und mich lassen Sie hier allein?

LIESA. Sie wollen mir doch nich glauben machen, daß Sie um meinetwillen herkommen?

LANGENSCHEIDT. Ei, wissen Sie dat so genau, Liesa?

LIESA. Nu, wenn dat wäre ... Herr Langenscheidt, dann würden Sie am besten gleich wedder gehn.

LANGENSCHEIDT. Na also ... dat is's ja grade. Da muß ich mich ja mit Hannchen gut Freund halten, hähä.

LIESA. Herr Langenscheidt, darf ich Ihnen wat seggen?

LANGENSCHEIDT. Aber immer zu, Liesa.

LIESA. Haben Sie Achtung vor mir, Herr Langenscheidt?

LANGENSCHEIDT *verblüfft, dann verlegen.* Na aber, Fräulein ... *Nimmt langsam und verlegen seine Mütze ab.* Wie können Sie bloß so fragen, Fräulein Lückel ...

LIESA. Ich hab Ihnen auch nie die Achtung verweigert, und drum segg ich Ihnen: Uns' arm, dumm Hannchen wat weis machen, dat is keine Kunst, aber wenn Sie sie in die Schande brächten ... ich müßte ausspucken vor Ihnen, Herr Langenscheidt. *Geht ruhig durch die Stube links hinaus.*

LANGENSCHEIDT *steht einen Augenblick verlegen, gibt sich dann einen Ruck.* Äh ... Dummheiten, verfluchte!

*Der Hochofen flammt auf.*

HANNCHEN *kommt von der Straße her herein, stutzt an der Türe.* Herr Langenscheidt, dat sünd Sie doch ...?

LANGENSCHEIDT *plötzlich lustig und beweglich.* Hannchen ...! Sühst du, dat freut mich. Komm mal her, Hannchen.

HANNCHEN *unter der Türe, neckend.* Nee, ich komm nich rein. Wenn Sie da sünd, komm ich nich rein.

LANGENSCHEIDT. Dummes Mädel, warum denn nich?

HANNCHEN. Weil ich Ihnen nich trau ... Etsch.

LANGENSCHEIDT. Aber ich tu dir doch nix ... So komm doch.

HANNCHEN. Wenn Sie ganz artig sünd ...

LANGENSCHEIDT. Ich bin doch artig.

HANNCHEN. Nee, Sie müssen sich in die Ecke setzen.

LANGENSCHEIDT. Gut, ich sitz schon. *Setzt sich in die Sofaecke und faltet die Hände auf den Knien.* Kiek man, wie 'n kleiner Junge in der Schule.

HANNCHEN. Un Sie dürfen nich uppstehn, Herr Langenscheidt.

LANGENSCHEIDT. Nee, nee, so komm doch nur.

HANNCHEN *hüpft herein.* Wenn Sie uppstehn, Herr Langenscheidt ... Bleim Sie auch sitzen ... he? *Huscht zur Kommode und sucht nach Streichhölzern, wobei sie Langenscheidt neckisch beobach tet.*

LANGENSCHEIDT. Was makst du denn da?

HANNCHEN. Nix, nix ... Dat Sie sitzen blieven, Herr Langenscheidt. Wo hab ich denn ... aha. *Läßt ein Zündhölzchen aufflammen, will die Lampe anzünden.*

LANGENSCHEIDT *springt lachend auf.* I, dat dich der Düvel ... haha! *Pustet das Zündholz aus und will sie umfassen.*

*Hannchen springt kreischend zurück.*

LANGENSCHEIDT. Pscht, pschtl Hannchen ... zum Donnerwedder ...! Diene Schwester is im Garten.

HANNCHEN. So lassen Sie mich gehn.

LANGENSCHEIDT. Hannchen, nu sei mal vernünftig ... Sühst du, wenn du gut büst, dann fahr ich zum Juwelier nach Essen und kauf dir ein paar Ohrringe.

HANNCHEN *ungläubig.* Die kaufen Sie mir ...?

LANGENSCHEIDT. Natürlich ... zieh nich so 'ne dumme Snute. Un nu segg mal, warum läufst du immer weg, wenn ich herkomme ... he?

HANNCHEN. Je ja ... *Maulig.* Gehn Sie doch zu meiner Schwester.

LANGENSCHEIDT *erregt.* Hannchen, red nich so dumm. Dat weißt du doch ganz genau, dat ich wegen dir herkomm.

HANNCHEN. Wegen mir ...? *Steht halb verlegen, halb ängstlich; will zur Türe.* Ich will mal sehn, ob Pittjupp noch nich kommt ...

LANGENSCHEIDT *vertritt ihr den Weg.* Dat wirst du blievenlassen.

HANNCHEN. Herr Langenscheidt, wenn Sie mich nich gehnlassen ...

LANGENSCHEIDT. So schweig doch. Nur hierblieven sollst du ... Hannchen!

*Hannchen setzt sich zaghaft und verlegen an den vorderen Tisch. Langenscheidt zündet sich eine Zigarette an: geht umher. – Der Hochofen flammt auf.*

HANNCHEN. Hu ...! Jetzt ham sie im Werk immer große Nachtschicht. *Pause.* Uns' Pittjupp muß von nächster Woche an auch Nachtschicht machen. *Pause.* Ich hevv jetzt auch immer zu tun. Fünf Mille Sigarrn muß ich die Woche abliefern. *Pause.* Herr Langenscheidt, sünd in die Ohrringe auch Steine drin?

LANGENSCHEIDT *lacht und kommt an den Tisch.* Nu natürlich sünd Steine drin, du dummes Ding.

HANNCHEN. Eh, eh, ich bin gar nich so dumm ... nee. Hihihi.

LANGENSCHEIDT *setzt sich dicht zu ihr.* Nich ... Nu segg mal, Hannchen, bist du mir denn gar nich 'n bißken gut ... wat?

HANNCHEN. Je ja ... Dat weiß ich nich, Herr Langenscheidt.

LANGENSCHEIDT. Nu, dat mußt du doch wissen, Hannchen.

HANNCHEN. Nee, nee, dat trau ich mich gar nich zu seggen. Hihihi.

LANGENSCHEIDT. Na, dann kiek mich mal an.

HANNCHEN. Nee, nee ... Hihihi.

LANGENSCHEIDT *will sie umfassen.* Weißt du, du büst so ein hübscher Kerl ...

HANNCHEN. Herr Langenscheidt ...!

LANGENSCHEIDT. Ich muß immer denken: wenn man dich in seidne Röcke steckte, zög dir Lackstiefelchen an die Füßchen und setzte dir 'n flottes Hütchen upp ... Mädel, du würdst riesig nett aussehn.

HANNCHEN. I, dat seggen Sie so; damit wollen Sie mich nu dumm machen.

LANGENSCHEIDT. Ei, mir wärst du hübsch genug, Hannchen. Aber, wat gilt's, ich kauf dir dat alles.

HANNCHEN. Sie ...?

LANGENSCHEIDT. Ja ... segg mal, Hannchen, der Mond macht draußen so hell wie Tag. Magst du nich 'n bißken mit durch die Wiesen laufen?

HANNCHEN. I, Herr Langenscheidt, wat gläuven Sie denn. Ich muß arbeiten, dat miene Mudder nich schimpft.

LANGENSCHEIDT. So laß sie doch schimpfen und komm mit.

HANNCHEN. Nee, nee.

LANGENSCHEIDT. Hannchen, die halbe Kolonie is draußen upp den Wiesen.

HANNCHEN. I, un morgen tuscheln sie in der ganzen Kolonie: Lückels Hannchen geht mit Herrn Langenscheidt.

LANGENSCHEIDT. Mach nur, komm mit, Hannchen. Wir können ja auch drüben ins Gehölz gehen.

HANNCHEN. Ach je ... un wat solln wir denn da?

LANGENSCHEIDT. Nu ... nu ... da is's hübsch, Hannchen. Da können wir Glühwürmchen fangen.

HANNCHEN *lacht.* Ei, kiekt man, so ein Schlauberger! Dat können Sie doch auch allein, un denn bringen Sie sie mir her. Hihi.

LANGENSCHEIDT *mit beißer Zärtlichkeit; leise.* Hannchen, ich bin dir ja so gut. Seit Wochen lauf ich dir nach, dat ich dich mal allein habe, dat ich dir mal sagen kann, wie gern ich dich habe, Hannchen! Verdammt, ich könnt jede Dummheit für dich machen, weil du so hübsch bist, Mädel ...! *Er preßt sie an sich.*

HANNCHEN. Herr Langenscheidt ... hören Sie ... Herr Langenscheidt ...!

*Ein paar Arbeiter kommen über die dunkle Koloniestraße. Einer steckt blitzschnell den Kopf durchs Fenster und macht: »Bä-ä-äh!!!« Dann rennen sie mit lautem Gelächter davon. – Hannchen kreischt erschreckt auf.*

LANGENSCHEIDT *springt ebenfalls erschreckt auf und rennt vor die Türe, draußen wütend rufend.* Wenn ich den verfluchtigen Lümmel rauskriege, fliegt er aus dem Werk raus, dat könnt ihr euch merken, verdammte Bande!

*Hohngelächter in der Ferne. – Hannchen hat zitternd und schluchzend die Lampe angezündet, stellt sie auf den Tisch.*

LANGENSCHEIDT. Dat warn paar Polen. Die Hiesigen getrauen sich so 'ne Frechheit nich. Donnerwedder, wenn ich se rauskriege, die Kerls müssen den Abkehrschein ham ... *Stutzt beim Anblick der brennenden Lampe.* Ja, wat is denn dat?
HANNCHEN *schluchzend.* Ich hab Licht macht, ich hab so 'nen Schreck kriegt ...
LANGENSCHEIDT *einen Augenblick fassungslos, setzt seine Mütze auf und schreit dem Mädchen ins Gesicht.* Du bist eine dumme Gans!! *Geht wütend hinaus.*

*Hannchen sitzt weinend da. – Mutter Lückel, Schniermann, Pittjupp kommen von der anderen Seite der Straße.*

MUTTER LÜCKEL *eingetreten.* Ei nu ... Hannchen ... wat is denn dat ...? Du heulst doch.
HANNCHEN *hastig.* Nee, Mudding, nee ... ich hevv nich geheult.
MUTTER LÜCKEL. So, un du brennst eine Lampe?
HANNCHEN. Ja ... ja, Mudding. Da et doch so dunkel is.
MUTTER LÜCKEL. Ei, segg mir doch, wat dat heißen soll?
HANNCHEN. Nu ... sühst du ... Herr Langenscheidt war doch hier ...
DER ALTE SCHNIERMANN. Wedder der Langenscheidt ... hähäha.
MUTTER LÜCKEL *entrüstet.* Herr Langenscheidt ...! Ei, is denn dat so 'n großer Herr, dat du um seinetwillen Licht machen mußt? Brennt dem der Hochofen nich hell genug? Kannst du nich mit Langenscheidt im Dunkeln sitzen?
HANNCHEN *Schürze vorm Gesicht.* Ach Mudding, ich weiß schon, warum ich Licht macht hab.
MUTTER LÜCKEL *wütend.* Aale Heulbase! Stell die Lampe upp den Arbeitstisch un mach diene Wickel ... Marsch!

*Hannchen stellt die Lampe hin und setzt sich zum Arbeiten.*

DER ALTE SCHNIERMANN. Hähähä, ich weiß Bescheid ... hähähä.
PITTJUPP. Ich wer' man schließen ... wohl?

*Pittjupp und Hannchen verschließen Fensterläden, Fenster und Türe.*

MUTTER LÜCKEL. Wo is Liesa?

HANNCHEN. Sie gießt im Garten.

MUTTER LÜCKEL *geht in die Stube links, man hört sie rufen.* Liesa! Liesa!

DER ALTE SCHNIERMANN *kommt auf den Zehenspitzen und beguckt die Zigarren, die zum Trocknen auf Hannchens Arbeitsbank liegen.* Wat, da sünd doch schon Sigarrn trocken. Wieveel sünd denn dat ... he?

HANNCHEN. Fünfhunnert.

DER ALTE SCHNIERMANN *stiebitzt eine.* Und wenn man eine klaut, denn sünd's bloß noch veerhunnertneununneunzig. Hähähä.

*Pittjupp lacht.*

HANNCHEN *wütend.* Aaler Spitzbube ...! Aaler Spitzbube ...! Du hast mich Sigarrn gestohlen ...!

DER ALTE SCHNIERMANN. Pscht! Pscht! Ich will ja bloß man probesmöken, ob du nich zu feste gewickelt hast. Hähähä. *Zündet die Zigarre an.*

*Pittjupp lacht.*

HANNCHEN. Aaler Spitzbube ...! *An der Nebentüre.* Mudder, sie stehlen mich meine Sigarrn ...!

PITTJUPP *packt sie, schüttelt sie, mehr lustig wie derb.* Sühst du, wenn du den Vadder Sniermann so frech kommst, denn wer' ich dir dat mal bewiesen ...! *Gibt ihr einen Stoß.*

*Hannchen kreischt auf.*

PITTJUPP UND DER ALTE SCHNIERMANN. Nacht auch! Glück auf!

*Sie gehen lachend in die Nebenstube rechts. Hannchen setzt sich schluchzend an den vorderen Tisch. Es klopft an den Fensterladen beim Arbeitstisch. Hannchen schreckt zusammen, läuft hin. Erneutes Klopfen.*

HANNCHEN *leise.* Wer is da?

LANGENSCHEIDT *draußen.* Mach upp, Hannchen.

HANNCHEN *öffnet den Laden.* Pscht, pscht.

LANGENSCHEIDT. Bist du allein?

HANNCHEN. Sie sünd alle zu Huus.

LANGENSCHEIDT. Hannchen, magst du nich mitgehn ... he? Komm, Hannchen.

HANNCHEN. Ich soll arbeiten.

LANGENSCHEIDT. Sei nich dumm. Komm in die Wiesen, Hannchen.

HANNCHEN. Ich möcht schon ...

LANGENSCHEIDT. Also besinn dich nich un komm.

HANNCHEN. Aber mien Mudding?

LANGENSCHEIDT. Na, beißen wird sie dich nich, hähä.

HANNCHEN. Ich kann doch nich, Pittjupp hat den Schlüssel.

LANGENSCHEIDT. I du dummes Ding. Tret man upp den Tisch ...

HANNCHEN. Herr Langenscheidt ...!

LANGENSCHEIDT. Nu mach doch. Vorwärts. So-o- o. Nu setz den Fuß upp dat Fensterbrett ... so. Un nu spring mal ...!

HANNCHEN. Herr Langenscheidt ...!

LANGENSCHEIDT. Spring doch, zum Donnerwedder ...!

*Geräusch in der Stube links.*

HANNCHEN. Da kommt Mudder ...

LANGENSCHEIDT. Spring ...

*Hannchen springt herab und mit lautem Aufkreischen in Langenscheidts Arme. Die beiden rennen lachend davon.*

LIESA *kommt aus der Nebenstube links.* Hannchen ... Wo ist sie denn? *Sieht das offene Fenster, erschrickt, blickt hinaus und ruft die Straße hinab.* Hannchen ...! Hannchen ...!

MUTTER LÜCKEL *kommt aus der Stube links.* Wat is auch ... hä?

LIESA. Mudder, Hannchen is fort.

MUTTER LÜCKEL. Fort ...? Wohin ...?

LIESA. Ich sah sie mit Langenscheidt in die Wiesen laufen.

MUTTER LÜCKEL *erschreckt.* Mit Langenscheidt ...! *Beugt sich zum Fenster hinaus.* Hannchen ...! Hannchen ...! Ich seh sie nich mehr. Ach Gott, ach Gott ... so will sie sich nich raten lassen ... sie will nich upp ihre Mudder hören. *Setzt sich weinend beim Ofen hin.* Mien Kind ... mien Kind ...!

*Durch das offene Fenster leuchtet die rote Glut des aufflammenden Hochofens.*

## Zweiter Akt

*Mutter Lückels Wohnstube.*
*Morgen. Rauch und Ruß vom Werke umdüstern die Szene. Draußen der Lärm der Arbeit.*
*Das Zimmer wie am Tage vorher. Ein Korb Wäsche steht beim Ofen. – Über die*
*Koloniestraße gehen Trupps Bergleute zur Zeche. Mutter Lückel hantiert mit Wäsche.*
*Pittjupp steht in seinem Arbeitsanzug und schweren Stiefeln vorn am Tisch, ißt ein Stück*
*Brot und trinkt dazu aus einem irdenen Topfe Kaffee. – Langgedehntes Tubengeheul.*

MUTTER LÜCKEL. Da ... hörste? Mach hurtig!
PITTJUPP. Je ja ... *Mißlaunig.* Verdammdig noch mal! Immer die Schufterei ... Wo is
denn mien Gezähe?
MUTTER LÜCKEL. Wo de's gestern hingeschmissen hast, du Fläz!

*Pittjupp geht mürrisch zur Türe und hängt sein da liegendes Werkzeug über den Rücken.*

MUTTER LÜCKEL. Nu vorwärts. Da trapst schon der Han-Franz und der Pittermann
vorbei. Dat sünd immer die letzten.
JAN BIGGEN *Arbeitskittel, Gezähe auf dem Rücken, Mütze, schwere Stiefeln, guckt*
*zum Fenster herein.* Mudder ...! Tag, Mudder. Is Pittjupp ...? Ach, da bist du ja' noch.
*Kommt herein.* Feder, Jung. Der Wittbräuke hat die Kontrolle, un der Schleicher meld'
jeden, der zu spät kommt.
MUTTER LÜCKEL. I, fährst du auch ein ... wohl? Ich dacht doch, du gingst in die
Gießerei.
JAN BIGGEN. Pscht ... Mudder, tu mir bloß den einzigen Gefallen un segg zu Trina
nix. Sie will ja nich, dat ich einfahren soll.
MUTTER LÜCKEL. Nu drum ...
JAN BIGGEN. So 'n aaler Weibertratsch. Wo man Arbeit findt, muß man zupacken.
MUTTER LÜCKEL. Aber du wölkst doch in die Gießerei ...?
JAN BIGGEN. Se brauchen jetzt keine Leute. Da hat mich der Wittbräuke derweilen
als Häuer angenommen. Der Lüüskirchen hat 'n Gedinge abgeschlossen, da helf ich.
Wenn die Gießerei den großen Brückenauftrag makt, soll ich gleich rüberkommen.
MUTTER LÜCKEL. So is's doch gut.
JAN BIGGEN. Je ja ... aber der Trina sollst du nix seggen ... wohl? Se soll meinen, ich
arbeit schon in der Gießerei, verstehst du? Sie hat so 'ne dumme Angst vor der Zeche.
MUTTER LÜCKEL. Gut, gut. *Tube.* Da, hört ihr?
JAN BIGGEN. Los, Pittjupp.

PITTJUPP. Och ... un wenn m'r nu mal nich ging' ...? Mal blaumachen möcht ich. Weißt du wat, Jan? Smiet dien Gezähe daher un geh mit upp die Wiesen. Mir lassen uns mal die Sonne in den Hals kieken.

MUTTER LÜCKEL. Nu ... so wat ... nu hört bloß den snack'gen Schlingel!

JAN BIGGEN *gibt ihm einen Stoß.* Nu, so 'n Fuullenzer! Los! Wenn du 'ne Fruu un zwei Kinners durchzufüttern hast, wer'n dir die Mucken vergehn ... Glück auf! *Stößt Pittjupp vor sich her und geht mit ihm über die Koloniestraße davon.*

MUTTER LÜCKEL. Glück auf! *Sie guckt ihnen durchs Fenster nach. Tube.* Nu, hurtig, hurtig! Sie smieten euch noch dat Tor vor der Nase zu. *Kommt zurück.* Hähähä ... Die Sonne will er sich in den Hals kieken lassen. Dat möcht ihm so passen, dat Nixtun, hähä.

*Hannchen und der alte Schniermann kommen herein. Hannchen wirft ein Kopftuch hin, welches sie umgebunden hatte. Der alte Schniermann stellt einen Tragkorb an den Arbeitstisch und beginnt Bündel Tabakblätter auszupacken.*

HANNCHEN UND DER ALTE SCHNIERMANN. Ta-a-g.

MUTTER LÜCKEL. Tag zusammen. Nu, wat is ...? Hat er abgenommen, der Herr Finkensiep?

HANNCHEN *Geld aufzählend.* Ja ... alles hat er abgenommen. Aber sechs Groschen hat er affgetreckt.

MUTTER LÜCKEL. Sechs Groschen ...

DER ALTE SCHNIERMANN. Nu, se waren ihm zu schlecht gewickelt, seggt 'r –

MUTTER LÜCKEL. Zu schlecht gewickelt? Ja, wenn dat fuule Stück so liederlich arbeit't ...!

HANNCHEN. Wenn doch die Deckblädder alle zerfressen sünd ...

MUTTER LÜCKEL. Nee, wenn du keine Obacht upp die Arbeit hast. Aber ich werd dir mal dat Füür stakeln. Dat Rumtollen upp den Abend hat jetzt ein Ende, sonst kommt der Knüppel ...! *Holt den Stock hervor.*

HANNCHEN. Mudder ...! Mudder ...!

DER ALTE SCHNIERMANN. Aber Mudder, sie makt doch schon ihre Arbeit. Und hier ... Matrial hat sie auch. Zwei Mille Pflanzen soll sie maken, seggt d'r Herr Finkensiep.

MUTTER LÜCKEL. Da mak dich nur gleich dran. Vorwärts an dienen Disch! Ich wer dich man wedder zu Zucht un Ordnung bringen!

*Hannchen setzt sich weinend an ihren Tisch und beginnt Tabakblätter zu rippen.*

DER ALTE SCHNIERMANN. Wo is denn mien Kaffee, Mudding?

MUTTER LÜCKEL *stellt ihm einen irdenen Topf hin.* Dahier.

DER ALTE SCHNIERMANN *kauend und trinkend.* Hähä ... Wat so die Kaufmannslüüt sünd, die wissen schon Bescheid ... hähä. Un nu der Finkensiep! Da poddelt er in die Sigarrn rum un lamentiert über die schlechten Preise, un denn makt 'r einen zum Spitzbuben un seggt, mir hätten die hälftigen Deckblädder weggeklaut, un denn soll's nich seine Einlage sein ... und dabei treckt er man immer einen Groschen nach dem annern ab ... hähä.

MUTTER LÜCKEL *zählt das Geld auf den Tisch und steckt es zaghaft ein.* Un von die paar Groschen soll man euch nu durchfüttern. Wenn ich den Jung nich hätt un dat Lies ...

DER ALTE SCHNIERMANN *wichtig.* Na, un miene Pension, Mudder Lückel.

MUTTER LÜCKEL *grob.* Ach, du mit diene paar Groschens! Die ißt du ja so glatt upp, da blievt auch nich ein Penning für mich.

*Der alte Schniermann knurrt verdrießlich in sich hinein.*

LANGENSCHEIDT *vor der Türe, Reitgerte, Zigarre; spricht mit seinem Hunde.* Da, geh los ... Und verlauf dich man nich, sonst ... *Gertenbieb.* He, dat ihr mir den Hund gehen laßt, ihr verflüchtigen Bengels, sonst setzt et wat ... wohl? *Kommt herein.* Tag zusammen.

DER ALTE SCHNIERMANN *wischt eilig einen Stuhl ab.* Tag, Herr Langenscheidt ... Wenn Sie zu sitzen belieben, Herr Langenscheidt ...?

LANGENSCHEIDT. Danke, Vadder Sniermann, na bist du auch noch immer upp diene alten Beine, he?

DER ALTE SCHNIERMANN. Je ja, Herr Langenscheidt, et geht man so von einem Dag upp den annern, herr Langenscheidt.

LANGENSCHEIDT *Zigarre.* Da ... haste 'ne Zigarre.

DER ALTE SCHNIERMANN *nimmt sie.* Schön' Dank, Herr Langenscheidt, schön' Dank.

LANGENSCHEIDT. Tag, Mutter Lückel.

MUTTER LÜCKEL *mürrisch.* D-a-g.

LANGENSCHEIDT *steht bei Hannchen, auf deren Arbeitstisch gelehnt.* Nu, Hannchen ... hähä ... hähähä.

HANNCHEN *verschämt in sich hineinlachend.* Hihihi.

LANGENSCHEIDT. Wickelst du schon wieder dat Giftzeug ... he? Mußt du dir denn deine Lunge ruinieren, dat die Arbeiters wat zu smöken ham ... wat? Wie könnt Ihr dat bloß dulden, Mudder Lückel?

*Mutter Lückel brummelt etwas.*

HANNCHEN. Je ja ... Wenn ich nich müßte, Herr Langenscheidt ... Aber wenn man doch nu einmal muß ... nich wahr? Na, sehn Se.

MUTTER LÜCKEL *wütend.* Wirst du den Mund halten! Wat du tun sollst, hat dien Mudding zu seggen. Un jetzt pack dien Sach un geh naus!

*Hannchen packt ängstlich ihr Gerät zusammen und läuft in die Nebenstube links. Der alte Schniermann macht verstohlen Zeichen großen Schreckens.*

LANGENSCHEIDT. Na nu ... dat geht wohl auf mich, Frau Lückel? Wissen Sie vielleicht, wen Sie vor sich ham? Wenn man mit euch mal 'n bißken betulich ist, dann denkt ihr gleich, ihr könnt frech werden. Ich bin kein Bergmannsjung, verstanden!

MUTTER LÜCKEL *eingeschüchtert.* Ich ... ich hevv bloß mien Kind nausgeschickt, Herr Langenscheidt. 'ne Frechheit wollt ich mir nich erlauben.

LANGENSCHEIDT. Das will ich mir auch ausgebeten ham! *Schlägt wütend mit der Gerte auf den Tisch; geht zur Türe, kehrt plötzlich wieder um.* Mutter Lückel, was is denn in Euch gefahren, he?

MUTTER LÜCKEL *bricht in Tränen aus.* Gar nix, Herr Langenscheidt ... gar nix. Ich will bloß, daß mien Döchter ... un se sollen ehrbarlich aufwachsen, dat uns keiner wat vorwerfen kann. Un ... un dat's nich richtig, Herr Langenscheidt, daß Sie uns' Hannchen abends hier aus der Wohnung holen.

LANGENSCHEIDT *verlegen.* Verflucht ... *Scherzend.* Aber. Mutter Lückel, nu tun Sie man nich so dumm, wohl? Wat is denn dabei? 'n bißken spazieren waren wir. Dat wird man doch noch dürfen. Et war ja Vollmond, Mudder Lückel ... hähä.

MUTTER LÜCKEL. Je ja ... ich weiß Bescheid.

LANGENSCHEIDT. Nu seien Se man wieder betulich, Mutter Lückel. *Patscht ihr auf die Schulter und schüttelt sie gemütlich.* Seien Se wieder gut ... Segg mal, Vadder Sniermann, is dat nich 'ne snack'ge Fruu ... he?

DER ALTE SCHNIERMANN. Nu, Herr Langenscheidt ... Sie wer 'n mich dat nich iebelnähmen, aber ... 'n jeder Mensch hat seinen Dummstolz, sehn Sie. Un ... un mir Arbeitsleute ham auch unsern Dummstolz. Ihr Vadder will, dat Sie 'n braver Mensch werden sollen ... dat is Ihm Vadder sein Dummstolz. Un ... un mir wolln nu, dat die Mädchens ehrbarlich blei'm sollen, sehn Sie ... dat is unser Dummstolz ... ja.

LANGENSCHEIDT. So, segg mol, weißt du, wo die Koloniekneipe is?

DER ALTE SCHNIERMANN. Jawoll, Herr Langenscheidt, jawoll.

LANGENSCHEIDT *gibt ihm.* Hier ... haste fünf Groschens. Geh zum Deufel.

DER ALTE SCHNIERMANN. Jawoll, Herr Langenscheidt, jawoll. *Geht ängstlich hinaus.*

34

LANGENSCHEIDT *zündet neue Zigarette an; sitzt da.* Wissen Sie, Mutter Lückel, ich wollt schon lange mal mit Ihnen reden ... wegen Hannchen, ja. Dat geht doch nich, Mutter Lückel. So 'n hübsches Mädel, un sitzt den ganzen geschlagenen Tag bei der Giftarbeit.

MUTTER LÜCKEL. I, wat da, Herr Langenscheidt. Sie muß doch wat arbeiten. Hier in der Gegend sitzen schon die kleinen Kinners beim Sigarrnwickeln.

LANGENSCHEIDT. Un wenn sie sich die Schwindsucht dabei holt, ham Sie se auf dem Gewissen. Jawoll, Mudder Lückel.

MUTTER LÜCKEL. Ja aber ... wovon sollen wir leben?

LANGENSCHEIDT. Gibt's denn gar keine andre Arbeit, Deufel noch mal! *Geht umher.*

MUTTER LÜCKEL. Ich wüßt nix. Uns' Trina verdient ja mit 's Waschen einen schönen Batzen Geld. Aber dazu is Hannchen zu schwächlich. So sünd wir aufs Sigarrnwickeln gekommen, denn die Sigarrn, sehn Sie, die wird sie bald los ... ja.

LANGENSCHEIDT. Na ... kann sie sich denn in Dortmund nich 'nen Erwerb suchen?

MUTTER LÜCKEL. Ach, dat ham wir alles schon versucht. Aber da sünd upp so 'ne Stelle mit leichte Arbeit auch immer mehr, wie sie bräuken.

LANGENSCHEIDT. Wissen Sie, Frau Lückel ... ich würd mich ja mal für Sie um Ihr Hannchen umtun ...

MUTTER LÜCKEL. Sie ...? Herr Langenscheidt, da segg ich, dat war ja so edel von Ihnen ...

LANGENSCHEIDT. Na, laßt man, Mutter Lückel, hähä. Es kostet doch bloß 'n Wort ... also. Ich hab sogar schon so wat ... wenn ich bloß wüßt, wie Sie darüber denken, Mudder Lückel.

MUTTER LÜCKEL. Hm. So, so. *Mißtrauische Blicke.*

LANGENSCHEIDT. Da kenn ich in Dortmund 'ne Putzmacherin. Die sucht 'n anstelliges Mädchen, die dat Hüteputzen lernen möcht. Ob dat nix für Hannchen wäre?

MUTTER LÜCKEL *abwehrend.* Eh ... eh ...

LANGENSCHEIDT. Seien Se nich dumm, Mutter Lückel. So 'ne Putzmacherin in den großen Städten am Rhein verdient viel Geld. Jawoll. Da gibt's welche, die bettelarm waren, und auf einmal ham sie 'n Bankkonto un fahren auf Gummirädern.

MUTTER LÜCKEL. I, hört bloß man ...! Un dat alles ham sie an die Hüte verdient?

LANGENSCHEIDT. Na, woran denn sonst?

MUTTER LÜCKEL *ängstlich.* Nee, Herr Langenscheidt, dat is nix für uns' Hannchen. So veel Geld, dat verdient sich nich ehrbarlich. Nee, nee ... da bleibt sie besser in ihren armseligen Verhältnissen.

LANGENSCHEIDT. Na, wie Sie wollen, Mutter Lückel. Ich hab ja nix dabei. Ich mach bloß 'nen Vorschlag. Ach, ich meine, wenn 'nem Menschen so die Gelegenheit geboten wird, höher zu kommen, da soll er doch zupacken. Wat?

MUTTER LÜCKEL. Je ja ... da is uns' Hannchen auch nich anstellig genug, denk ich.

LANGENSCHEIDT. Dat Putzmachen lernt Hannchen in 'n paar Monaten ... Wie? ... Wohl?

MUTTER LÜCKEL *überlegend und zaghaft.* Sehn Sie, Herr Langenscheidt, dat dürfen Sie von mir nich denken, dat ich mienem Kind im Wege stehen wollte, wenn et sich verbessern kann. Da müßt Mudder Lückel eine schlechte Mudder sein, un dat bün ich nich. Aber mien Kind darf auch kein schlechtes Kind sein, un wenn wir doch den Arbeitslohn förs Sigarrnwickeln nich entbehren können ...

LANGENSCHEIDT. Na, nu hört schon auf, Mudder Lückel, haha! Die paar Kröten ...! Soviel hab ich immer in der Westentasche, wie dat is.

MUTTER LÜCKEL *stutzt.* Nee, Herr Langenscheidt, da muß ich danken, sehn Sie. Geld schenken ... för uns' Hannchen Geld schenken, dat weiß ich wohl, wie man dat nennt. Und dat sollen Sie bei Mudder Lückel nich.

LANGENSCHEIDT *steht beschämt, wirft dann wütend den Zigarettenstummel hin, zündet eine neue an und geht verdrießlich umher; stehenbleibend.* Na, Mutter Lückel, nu sind Sie wieder böse ... he? Hähä.

MUTTER LÜCKEL *an ihrer Wäsche hantierend.* Nee, Herr Langenscheidt, dat nich ... aber ... kein Wort mehr möchten Sie davon seggen, Herr Langenscheidt.

LANGENSCHEIDT. Gut, gut ... hähä. *Umhergehend.* Seggt mal, wat macht Pittjuppche ... he?

MUTTER LÜCKEL. Nu, eifrig is er. Aber er verdient man zuwenig als Schlepperjung. Ja, wenn sie ihn als Häuer nähmen, ja dann ...

LANGENSCHEIDT. Na, dat sollt sich doch machen lassen. Da wer' ich mal mit dem Steiger reden, der hat dat doch in der Hand.

MUTTER LÜCKEL. Ach, wenn Sie dat tun könnten, Herr Langenscheidt ...

LANGENSCHEIDT. Natürlich. Gleich wer' ich mit Wittbräuke reden. Der seggt schon ja, darauf können Sie sich verlassen.

MUTTER LÜCKEL. Herr Langenscheidt, ich würd Ihnen so dankbar sein ...

LANGENSCHEIDT. Schon gut, Frau Lückel, schon gut. Kein Wort weiter ... Ja, ja, als Karrenschieber bringt er nich viel nach Hause, aber als Häuer ... da kann er doch, wenn er 'n bißchen hurtig is, dat Doppelte auf dem Lohnzettel ham.

MUTTER LÜCKEL. Nu, dat wird wohl sein. Un dat wär eine Hülfe für uns arm Lüüt.

LANGENSCHEIDT. Wat die Hannchen am Zigarrenwickeln verdient, bringt 'r doch sicher. Der Hannchen ihre paar Pfenning habt Ihr dann nich mehr nötig.

MUTTER LÜCKEL *stockend.* Ja, ja ... dat wohl! ... hm.

*Pause.*

LANGENSCHEIDT *Lache.* Sie denken nu: wat er wohl haben mag mit Hannchen ... wat? Aber nix, Mudder Lückel; 's is bloß so 'ne Marotte von mir. Ich möcht wat för dat arm Mädel tun, sehn Sie.

MUTTER LÜCKEL. Herr Langenscheidt, wenn Sie dat mit Hannchen so ehrlich meinen wie mit uns' Pittjupp, da sollen Sie nich denken, ich wollt Hannchen im Wege stehn. Nee, dat nich, un wenn sie will ...

LANGENSCHEIDT. Na, dat wird sie schon wollen, Mudder Lückel.

HANNCHEN *kommt herein.* Ich wollt mir bloß 'ne Lage Deckblädder holen, Mudding.

LANGENSCHEIDT. Nu segg mol, Hannchen; dien Mudding frögt dich: möchst du nach Dortmund, Putzmachen lernen ... wohl?

HANNCHEN. Ob ich möchte ... ich darf je doch nich, Herr Langenscheidt.

MUTTER LÜCKEL. Ja, sühst du, Hannchen. Dien Mudding will bloß, dat du brav un rechtschaffen bleibst Un wenn du dat büst, dann will sie dich nich hindern ... nee, nee, dann segg ich: Gottes reichsten Segen.

LANGENSCHEIDT. Also, Hannchen ...

HANNCHEN. Nu, ich möcht schon ...

MUTTER LÜCKEL. So geh und sieh, dat du wat Tüchtiges lernst.

LANGENSCHEIDT. Hahaha. Na, dat war endlich mal 'n Wort, Mutter Lückel –

HANNCHEN *in die Hände klatschend.* Ach nee ... soll dat sein, Mudding! Mien leev Mudding! Da kann ich gleich heute miene Sachen packen un nach Dortmund rüber gehn?

*Langenscheidt macht ihr vergebens Zeichen.*

MUTTER LÜCKEL *stutzt.* Diene Sachen packen ... Ei wie?

HANNCHEN. Nu ja ... weil ich doch nun nach Dortmund zur Putzmacherin zieh.

MUTTER LÜCKEL. Du sollst aus dem Hause ...?

HANNCHEN. Herr Langenscheidt seggt doch ...

LANGENSCHEIDT *verlegen.* Nee, nee, Mudder Lückel, hähä. Dummes Gerede ...! Dacht hab ich mir ja freilich, dat Hannchen gleich nach Dortmund zöge, aber ... *Wirft die Zigarette weg.* Verdammt!

MUTTER LÜCKEL. Dat lütte Ding soll aus dem Hause. *Fast weinend.* Herr Langenscheidt, dat geht doch nich ... nee, dat geht nich.

LANGENSCHEIDT. Ich meine ja bloß ... nich wahr? Denn wenn sie hierbleiben soll, ja, da lernt sie dat Putzmachen im Leben nich. – Und nu ham Sie doch mal ja seggt, Mudder, nu seggen Sie noch mal ja, un alles is in Ordnung ... wohl? Hähä.

MUTTER LÜCKEL. Nee, dat kann ich nicht zugevven. Aus dem Hause? Wat mach ich denn bloß? Dat sünd so 'ne dumme Sachen.

KÖRTING *tritt ein*. Gott zum Gruß zusammen. *Erblickt Langenscheidt und macht ein finsteres Gesicht.*

LANGENSCHEIDT. Ach verflucht ...

MUTTER LÜCKEL. Herr Diakonus, Sie sünd's! Da bün ich Ihnen ja so dankbar! *Klammert sich förmlich an ihn.*

KÖRTING. Aber was haben Sie denn, mien lew alt Mudding?

MUTTER LÜCKEL. Sie solln einer aalen Fruu Ihren Rat gevven, Herr Diakonus. Herr Langenscheidt will eine Gnade an uns arm Lüüt tun, er will uns' Hannchen wat lernen lassen, dat sie nich die Schwindsucht bei 's Sigarrnwickeln kriegt. Putzmachen soll sie lernen ...

KÖRTING. Ja aber ... das ist ja ... das ist ja natürlich sehr gütig von Herrn Langenscheidt ...

LANGENSCHEIDT *schroff*. Ach, das ist ja bloß 'ne Idee von mir. Es ist mir nicht recht, daß Frau Lückel überhaupt davon redet.

KÖRTING. Die arme Frau muß Ihnen natürlich sehr dankbar für das Interesse sein ...

MUTTER LÜCKEL. Uns' Hannchen soll aber aus dem Hause, Herr Diakonus. Sie soll nach Dortmund ...

KÖRTING. Wie ...

MUTTER LÜCKEL. Nich wahr? Ich hevv's gleich seggt, dat is nich richtig.

KÖRTING. Ja, das muß man sich natürlich zunächst überlegen ... Herr Langenscheidt ...

LANGENSCHEIDT. Überlegen ... Ich will ja gar nichts. 's is ja bloß 'n Vorschlag. *Plötzlich aufbrausend.* Überhaupt sind das meine Privatsachen, und ich verbitte mir jede Einmischung!

KÖRTING. Nun, nun ... ich will mich natürlich nicht unterfangen ... aber, sehen Sie, ich bin der Freund dieser armen Leute, und da wird man doch noch seinen Rat ...

LANGENSCHEIDT. Was mich anbelangt, ich danke für Ihren Rat. *Setzt zornig seine Mütze auf und will gehen.*

KÖRTING *allmählich fest werdend*. Ich muß sagen ... bei aller schuldigen Achtung vor Ihnen, Herr Langenscheidt ... ich finde Ihren Vorschlag sehr sonderbar.

LANGENSCHEIDT. So. *Höhnische Lache.*

KÖRTING. Ich bitte Sie um eine Unterredung, Herr Langenscheidt.

*Langenscheidt zuckt verächtlich die Achseln, lacht kurz, setzt sich halb auf den Tisch rechts.*

MUTTER LÜCKEL *faßt den Wäschekorb; scheu zu Hannchen.* Da faß zu, Hannchen, wir wolln die Wäsche der Nachbarin zur Bleiche bringen. *Geht mit Hannchen rasch über die Koloniestraße.*
KÖRTING. Herr Langenscheidt, wollen Sie mir eine Frage gestatten.

*Langenscheidt zuckt spöttisch die Achseln.*

KÖRTING. Ist es Ihnen wirklich ernst mit Ihrem Vorschlage?
LANGENSCHEIDT. Das soll wohl so 'ne Art Verhör werden?
KÖRTING. Keineswegs.
LANGENSCHEIDT *jähzornig.* Dann würd ich Sie auch in Ihre Schranken zurückweisen!
KÖRTING. Bitte, haben Sie doch die Güte, mich wenigstens anzuhören. Ein so spottjunges Ding aus dem Elternhause wegnehmen und damit allen Fährnissen des Lebens preisgeben, das dünkt mich doch eine so verantwortungsvolle Handlung ...

*Langenscheidt zündet gleichmütig eine Zigarette an.*

KÖRTING. Ja ... sind Sie sich denn dieser Verantwortung nicht bewußt, Herr Langenscheidt?
LANGENSCHEIDT. Das werden Sie doch zugeben: ich erweise den Lückels lediglich 'ne Wohltat.
KÖRTING. Die ihnen zum Fluche werden kann ... jawohl, Herr Langenscheidt.
LANGENSCHEIDT. Sparen Sie sich doch diese getragenen Redensarten für die Kanzel auf.
KÖRTING. Ich finde diese Worte in Ihrem Munde sehr bedauerlich.
LANGENSCHEIDT. Sie halten es also für zweckmäßiger, das junge Mädchen hier sitzen zu lassen, bis der eingeatmete Tabakstaub ihre Lunge so weit verwüstet hat, daß sie fürs Spital reif ist?
KÖRTING. Das will ich nicht gesagt haben.
LANGENSCHEIDT. So ... hähähä.
KÖRTING. Herr Langenscheidt, ich glaube, Sie sind noch den Beweis schuldig, daß Ihre Absicht einem reinen und edlen Motiv entspringt, denn ...
LANGENSCHEIDT. Was ...?

*Körting bekämpft sich.*

LANGENSCHEIDT. Wie ...?

KÖRTING. Ich werde gegenüber dem Sohne des Geheimen Kommerzienrats Langenscheidt, dessen Namen ich hochachte, niemals die Achtung beiseite setzen.

LANGENSCHEIDT. Das wollt ich Ihnen auch geraten haben! *Wirft wütend die Zigarette hin.*

KÖRTING. Indessen kann ich die Bemerkung nicht unterdrücken: wenn Ihr Herr Vater, der Geheimrat, von Ihrer Absicht wüßte, die Unerfahrenheit eines jungen Mädchens und die materielle Abhängigkeit einer armen Witwe ... ich will nichts weiter sagen.

LANGENSCHEIDT. Sagen Sie's doch geradeheraus, was Sie denken! Bitte! Es liegt Ihnen ja auf der Zunge. Ich will mir in Dortmund 'n Verhältnis hinsetzen. Ich will die Kleine aushalten! Sagen Sie's doch, sagen Sie's doch! *Hustenanfall.*

KÖRTING. Wenn Sie es denn wissen wollen ... das ist in der Tat meine Meinung.

LANGENSCHEIDT *verächtliche Lache.* Und wenn's so wäre, dann ging's Sie doch gar nichts an. *Wendet sich zum Gehen.*

KÖRTING *empört.* Ich muß sagen, daß ein solcher Zynismus ...

LANGENSCHEIDT. Was ... Hörn Sie mal, passen Sie auf Ihre Worte auf, verstehn Sie mich! Sie können mir nämlich nich imponieren. Und überhaupt sind Sie der letzte, der sich mokieren darf.

KÖRTING. So.

LANGENSCHEIDT. Mit Ihnen ist noch fertig zu werden. Das wäre gelacht!

KÖRTING. Dann möchte ich wissen ...

LANGENSCHEIDT. Das können Sie wissen. Glauben Sie, es war nich bekannt, was für 'ne Sorte Diakonenarbeit Sie in der Kolonie leisten?

KÖRTING. Meine geistliche Tätigkeit ...

LANGENSCHEIDT. Die Werksverwaltung wird vielleicht Ursache haben, Ihnen das Betreten der Kolonie zu verbieten, und was Sie dann anfangen, das kann uns ja egal sein.

KÖRTING. Mir verbieten ...

LANGENSCHEIDT. Glauben Sie, man weiß nich, daß Sie in der Kolonie mit den Werksleuten Schnaps getrunken und sie dann gegen die Werksverwaltung aufgehetzt ham ...!

KÖRTING. Ich ...

LANGENSCHEIDT. Und daß Sie seit Jahr und Tag in allen Koloniehäusern herumschüren und hetzen. Das nimmt mal 'n böses Ende, das sag ich Ihnen. Was Sie den Leuten lehren, das steht in keiner Bibel und in keinem Predigtbuch. Wenn das 'n an derer wäre, da hätte man längst zugegriffen, aber Sie verschanzen sich hinterm Theologen! Theologe ...! Hä ... Sie taugen zum Theologen wie der Esel zum Violinspielen. *Will gehen.*

KÖRTING *fäusteballend.* O du ...!

LANGENSCHEIDT *höhnische Ruhe.* Wat seggste ...? *Lufthieb mit der Gerte.* 'n Morgen. *Geht langsam hinaus. Draußen pfeift er dem Hunde.* Da komm her. *Gertenhieb.* Verfluchtes Vieh! *Geht die Koloniestraße hinunter.*

*Körting steht da und kämpft seine Erregung nieder; dann setzt er sich seufzend hin und stützt den Kopf in die Hände.*

LIESA *kommt herein, freudig überrascht.* Ach ... guten Morgen, Herr Diakonus. War das nich Herr Langenscheidt ... wohl?

KÖRTING. Guten Morgen, Liesa ... Ja, er war hier. *Aufbrausend.* Ach, daß man sich so beschimpfen lassen muß, und darf nicht wider den Stachel locken ...!

LIESA. Wat is vorgefallen, Herr Diakonus?

KÖRTING. Ihre Mutter hat mich zu Hilfe gerufen ... Ach, ich mag Ihnen das nicht sagen, Liesa.

LIESA. Ich glaube, ich weiß ... *Blickt sich nach Hannchen um.*

KÖRTING. Nein, das wissen Sie nicht *Mit unter drückter Stimme.* Er benutzt Hannchens Unerfahrenheit. Er will sie aus dem Hause schleppen, damit er sie in der Gewalt hat!

*Liesa zuckt die Achseln und setzt sich an den Tisch.*

KÖRTING. Denken Sie doch, solch ein hilfloses Ding, das ihm blind vertraut, wird von ihm belegen und betrogen, verlockt und verleitet, bis ins Unglück ... Stellen Sie sich das vor, Liesa!

LIESA. Herr Diakonus, ich gläuv, Hannchen weiß wohl gut, wat Langenscheidt mit ihr vorhat.

KÖRTING *steht starr.* Liesa ...! Ja, wissen Sie, was Sie da gesagt haben? Sie beschuldigen Ihre Schwester einer Verworfenheit ...

LIESA. Ach nein, Herr Diakonus.

KÖRTING. Ja, Liesa.

LIESA. Sie halten uns immer för Engel und ... sehen Sie, dat sünd wir nich, Herr Diakonus.

KÖRTING. Liesa, es mag sein: ich bin so sehr Idealist, daß ich oft den Wirklichkeitsblick verliere, aber wenn das wahr wäre, was Sie von Hannchen sagen ... wenn solch ein blutjunges Ding ... ja, an was soll man denn da noch glauben?

LIESA. Hannchen is nich schlecht ... dat nich, aber ... Sehen Sie sich doch um bei uns, Herr Diakonus. Dat armselige Leben, die schmutzige Kolonie ... nich ein bißken Freude.

Un dann die Arbeit, bei der sie sich die Lunge ruiniert. Dat muß man doch begreifen, wenn sie da heraus will.

KÖRTING. Aber auf solche Weise, Liesa.

LIESA. Ach, da frögt man nich lang. Wenn man nur herauskommt.

KÖRTING. Das heißt ... da erscheint Langenscheidt in der Tat als ein Wohltäter ... als ein Wohltäter! *Schneidende Lache. Plötzlich auffahrend.* Liesa ...! Da kommt mir mit einem Male ein gräßlicher Gedanke. Wenn Sie nur nicht auch einmal ... Liesa!

LIESA *starrt vor sich hin, dann.* Herr Diakonus, ein jedes wehrt und stemmt sich, bis es den Mut verliert.

KÖRTING. Das dürfen Sie nicht, Liesa. Glauben Sie nicht, daß ich blind bin gegen all den Kummer, den Sie haben. Wir armen Leute tragen alle dasselbe Joch ... ich muß es auch tragen, Liesa.

LIESA. Ja, Sie ... aber ein Mädchen hat nicht so starke Schultern wie ein Mann.

KÖRTING. Liesa, der Gedanke ist mir unerträglich, daß Sie einmal den Weg der Sünde gehen sollten ... denn es wäre die Sünde, das wissen Sie wohl, Liesa. Einmal muß sich doch alles wenden, und darum sollten Sie stark sein, Liesa, bis ... *Er stockt.*

LIESA. Bis ...?

KÖRTING. Ich finde nie den Mut, es auszusprechen ...

LIESA *leise und verlangend.* So sagen Sie es doch.

KÖRTING *sieht sie an.* Mir scheint ... Ich bitte Sie, Liesa ... *Tritt förmlich furchtsam von ihr weg.* Ich muß noch nach Dortmund hinüber.

*Liesa seufzt und setzt sich traurig hin.*

HANNCHEN *kommt herein, ohne Körting zu bemerken.* Tag, Liesa. Is Herr Langenscheidt weg?

LIESA. Ja, Hannchen ... Segg mal, Hannchen, is dat richtig, dat Langenscheidt dich hier wegholen will?

*Hannchen mault.*

LIESA. Un dat willst du machen, Hannchen?

HANNCHEN *maulig.* Ich darf ja doch nich.

LIESA. Aber, wenn du dürftest, denn ...

*Hannchen steht schweigend da.*

LIESA. Un wenn er dich nu in die Schande bringt, Hannchen?

HANNCHEN *kommt langsam zu Liesa, kniet am Tische auf einen Stuhl, Liesa unbeholfen und nachdenklich ausfragend.* Segg mal, Liesa, du büst doch älter als ich ... du mußt dat doch wissen.

LIESA. Wat denn, Hannchen?

HANNCHEN. Wat denkst du wohl, wat aus uns zwei Lückel-Mädchen mal werden soll ... he?

LIESA. Nu, wat soll werden? Wir werden immer düchtig arbeiten müssen, dat Mutter Geld ins Huus kriegt.

HANNCHEN. Hm ... m. Jawoll ... ja ... da hast du wohl recht. Aber nu sieh, nu is doch d'r Vadder gestorben ... wohl? Un uns' Mudding, die wird doch auch mal sterben.

LIESA. Aber Hannchen, wer wird sich dat ausdenken.

HANNCHEN. Ich meine bloß, Liesa ... es könnt doch mal möglich sein, nich wahr?

LIESA. Nu ja, aber wat soll dat?

HANNCHEN. Nu sieh auch, wenn Mudding mal stirbt, dann müssen wir hier aus dem Huus ... wohl?

LIESA. Dat kann schon sein.

HANNCHEN. Hm ... m. Un wat wirst du dann maken, Liesa?

LIESA. Ach, wat du nicht alles frögst.

HANNCHEN. Nee, nee, dat mußt du mir seggen, Liesa ... jawoll. Also, wat uns' Trina is, die hat schon einen Mann, einen Häuer hat sie. Un, so denk ich, wirst du dir auch einen Mann aus der Kolonie suchen, nich wahr?

LIESA *betroffen.* Aus der Kolonie ...? Nie würd ich einen Mann aus der Kolonie nehmen.

HANNCHEN. Ei, warum denn nich, Liesa?

LIESA. Warum ...? Warum ...? Hannchen, hör up mit dienen Fragen.

HANNCHEN *springt auf.* Du mußt mir dat seggen, Liesa. Denn sühst du, jetzt merk ich wohl, du willst auch aus der Kolonie ruus, so gut wie ich. Du wartst bloß, dat der Richtige kommt, der dich holt!

LIESA. Aber Hannchen ...!

HANNCHEN. Je ja, jetzt hevv ich's wohl merkt. Un soll ich dir seggen, wer's is ...? He ...?

LIESA. Hannchen ...! Du ...! *Hand zum Schlage.*

HANNCHEN *Grimasse.* Bä-ä äh! *Sich umwendend, sieht sie Körting.* Herr Diakonus ... ach Gott, Herr Diakonus ...

KÖRTING *der beiseite gestanden, verwirrt.* Es ist gut, Hannchen ... es ist gut ...

*Körting und Liesa stehen da und sehen sich wortlos an. Hannchen huscht auf den Zehenspitzen scheu zu ihrem Arbeitstisch – Lärm draußen. Hinundherrufen. Man sieht aufgeregte Koloniebewohner, Männer, Frauen und Kinder, hin und her laufen.*

MUTTER LÜCKEL *kommt herein, blickt sich um.* Tag zusammen ... Langenscheidt is fort ...? Ham Sie mit ihm gesprochen, Herr Diakonus?

KÖRTING. Ja, Mudding, und ich glaube, er wird es nicht wieder wagen, Ihnen mit solchen Plänen zu kommen.

MUTTER LÜCKEL. Nich wahr ...? Dat darf er sich nich wagen, mir mien Kind aus dem Hause zu holen. Da muß man mir helfen ... Sie mag schaffen, dat sie ein braves Mädchen wird. Hab ich nich auch mien Mudding gehorchen müssen, wat?

KÖRTING. Lassen Sie's gut sein, Mutter Lückel. Er wird Sie nicht wieder ängstigen.

LIESA. Wat is denn för 'n Lärm in der Kolonie?

MUTTER LÜCKEL. Ach, da geht 'n Gerede, et soll wat passiert sein upp der Zeche, un nu laufen sie auch schon alle.

KÖRTING. Was könnte denn geschehen sein?

MUTTER LÜCKEL. Man weiß nich. Die einen seggen, dat Drahtseil am Förderkorb is wieder gerissen, die annern, an der Fördermaschine soll wat passiert sein. Dat is immer gleich 'ne Aufregung, un nu kommt man ans Förderhuus, denn is's gar nix gewesen.

KÖRTING. Nun, es werden doch keine Menschenleben in Gefahr sein?

MUTTER LÜCKEL. Ach nee, so leicht passiert doch nix. Höchstens sie kommen nich zum Schichtwechsel, weil sie nich ausfahren können.

LIESA *die zum Fenster hinausgesehen hat.* Wenn Menschenleben in Gefahr wären, dann würde man doch wat wissen. Aber auf dem Werk wird fortgearbeitet.

MUTTER LÜCKEL. Ja, wenn dat Werk geht, dann is et nix Schlimmes. Erst wenn sie dat Werk stillestehn lassen ... ja denn. Menschenleben ... I du mien Gott, Herr Diakonus, Pittjupp is heut morgen auch eingefahren.

KÖRTING. Na, wenn es so steht, dann wird ja wohl kein Grund zur Besorgnis sein.

MUTTER LÜCKEL. Nu wollt ihr wohl essen, wat?

HANNCHEN. Ja, dat möchten wir wohl, Mudder.

KÖRTING. Und ich werde nach Dortmund hinübergehen.

DER ALTE SCHNIERMANN *kommt angeheitert herein.* Hähähä ... hähähä ... Tag zusammen ... Tag, Herr Diakonus. Sie dürfen mich dat nich ievelnähmen, Herr Diakonus, aberst ... hähähä ... ich bring einen mit nach Hause, hähähä.

KÖRTING. Am Morgen schon, Vadder Sniermann? Dat dünkt mich nich recht.

DER ALTE SCHNIERMANN. Wat d'r Herr Langenscheidt is ... hähä ...

KÖRTING. Ach so, Langenscheidt ...

DER ALTE SCHNIERMANN. Pscht, Herr Diakonus, pscht. Upp den Langenscheidt laß ich nix kommen. Dat is 'n Mann, wie er in die Welt paßt, hähä. Der hat immer die Hand in der Tasche. Da hast fünf Groschens, seggt 'r, geh zum Deubel. Hähähä.

Un da, da is d'r Vadder Sniermann gangen ... Wo der Deubel 'nen Arm ruutreckt, da is 'r reingangen. Hähähä, hähähä.

MUTTER LÜCKEL *gibt ihm einen Stoß.* Sitz in diener Ecke, aaler Saufaus!

KÖRTING. Nicht doch, Mudder, nicht doch.

*Der Lärm draußen wird lauter. Wiederum sieht man aufgeregte Menschentrupps über die Straße laufen.*

LIESA *beugt sich zum Fenster hinaus.* He, wat is denn ...? He ...?

TRINA *kommt, ihre beiden Kinder Hinnäck, Anngret an der Hand führend, herein.* Tag zusammen.

ALLE. Tag.

TRINA. Ei, Mudder, du büst hier? Ich dacht, du seiest schon upp dem Zechenplatz.

MUTTER LÜCKEL *plötzliche Angst.* Wat ... Trina ... ja, wenn du so sprichst ...?

TRINA. Is Pittjupp eingefahren?

MUTTER LÜCKEL. Ja, heut morgens is 'r eingefahren. Is wat Schlimmes passiert, Trina?

TRINA. Nu, sie reden von einem Unglück.

KÖRTING. Ein Unglück ...! Ja, wissen Sie denn etwas Zuverlässiges, Frau Biggen?

TRINA. Nu ... ich weiß nich. Der eine seggt dies, der annere das ... die meisten seggen: et war 'ne Streckenverzimmerung zu Bruche gegangen.

*Alle erschrocken.*

HANNCHEN *am Fenster.* Mudder, aber so veel Menschen! Et stehn 'n paar hunnert Menschen am Zechenplatz.

MUTTER LÜCKEL. Trina, du machst mir 'ne Angst ...! Wenn du nix Sicheres weißt, denn sollst du dien aal Mudding nich Sorge machen.

DER ALTE SCHNIERMANN. Sie ham gleich kein' Kopp nich, Herr Diakonus. Wißt ihr wat ...? Also. Wat zerbrecht ihr euch den Kopp.

KÖRTING. Aber Vadder Sniermann, das ist doch wohl begreiflich, wenn man da Angst hat ... wohl?

TRINA. Ich sah den Steiger Wittbräuke nach Dortmund laufen. Et hieß, er holte den Dokt'r Vonderscheer.

MUTTER LÜCKEL *steigende Angst.* Ja, aber wenn sie den Betriebsarzt holen, denn muß doch wat passiert sein ...?

*Stimmengewirr draußen.*

LIESA *hastig vorkommend.* Mudder ... ich wer' mir mal wat überwerfen. Sie drängen die Leute ruus, sie schließen dat Hoftor ...!

KÖRTING. Gott im Himmel möge uns behüten ...!

MUTTER LÜCKEL. Wohl, Liesa. Wirf dir ein Tuch über un sieh mal, dat du wat erfährst ... Aber dat segg ich dir, Liesa, dräng dich nich so vor, daß dich die Steigers nich sehn, dat et nich heißt: na ja, die Lückeis, dat sünd auch immer die ersten ... Halt dich zurück, Liesa ...

LIESA *hat ein Tuch übergeworfen, stürzt hinaus.* Ich weiß schon, Mudder ...

*Über die Straße eilen aufgeregte Menschentrupps.*

MUTTER LÜCKEL *fast weinend.* Nee, dat kann mir doch keiner verdenken, dat man da Angst kriegt, Mien Pittjupp is upp der Zeche ... der Jung is kaum us d'r Schul, Herr Diakonus ...

KÖRTING. Nun, nun. Ängstigen Sie sich nicht zu früh, Mutter. Am Ende ist's alles blinder Lärm.

TRINA. Je ja.

DER ALTE SCHNIERMANN. Sie ham kein' Kopp nich. Wer weiß, am Ende lassen sie 'n abgebautes Feld zu Bruche gehn, und da ham die Kerls, die dat Holz rauben, nit upppaßt, un dat Gebirge hat die Pfeiler indrückt ... hä.

KÖRTING. Ja aber ... wenn Menschenleben in Gefahr kommen, Vadder Sniermann ...?

DER ALTE SCHNIERMANN. I ja. Uns' aal Häuers können sie nich bange maken. Bei mir war auch mal einer verschütt', un wie mir 'n ausgraben, upp einmal reckt der Dote den Arm uus dem Loche un schreit: »He, gevvt erst mal 'n Snäpsken rin, dat ick mich stärken kann!« Hähähä, hähähä!

KÖRTING. Ja, wenn Sie denken, es habe keine Gefahr ...

TRINA. Wat die aal Berglüüt sünd, Herr Diakonus, die sünd roh, die sprechen erst von einem Unglück, wenn die ganze Zeche ersoffen oder zu Bruche gangen is. Nee, nee ... dat is wohl schlimm; da drüben is schon mancher umgekommen ...

MUTTER LÜCKEL. Je ja, da hast du wohl recht. Da is euer Vadder umkommen, un sien Bruder is umkommen ...

TRINA. Die Zeche, die holt sich alle Jahr 'n paar Lüüt us der Kolonie ruus.

KÖRTING. Sie machen mich nun allmählich auch besorgt ...

TRINA. Dat hat auch Grund, Herr Diakonus, denn da is so leicht wat geschehn. Da sünd sie morgens schon eingefahren un ham sich nix Schlimmes erwartet, sünd vor Ort gangen un ham ihre Kohle abgebaut. Da will die Grubenlampe nich brennen, wie sie auch schrauben und plustern, et zischt un braust ihnen um die Ohren. Upp einmal gibt's 'nen Blitz un Knall, un denn is auch dat Unglück schon da, und dat Wedder hat sie erschlagen.

MUTTER LÜCKEL. Trina, du sollst nich so sprechen. Ich hevv mit eins so 'ne Angst kriegt ...

DER ALTE SCHNIERMANN. Sie macht die aal Mudder ganz verwirrt mit ihre Geschichten.

TRINA. Je ja, ich weiß, wat ich weiß. Un deshalb hevv ich auch nich gelitten, daß mien Jan einfährt ...

MUTTER LÜCKEL *tödlich erschrocken.* Dien Jan ...?

TRINA. Ja ... Jan. Er darf mir nich mehr upp die Zeche, er geht in die Gießerei. Wenn er auch nich so veel verdient wie als Häuer, dat 's egal. »Jan«, hevv ich seggt, »wat nützt et uns, dat mir 'n bißken mehr Brot ham, wenn einem bei jedem Bissen die Angst die Kehle zuschnürt ... Geh du in die Gießerei, setz du dien Leben nich upp't Spiel ... Laß die annern gehn, aber du denk an diene Fruu und diene Kinners.« So hevv ich seggt, Herr Diakonus.

KÖRTING. Ja ... eigentlich ... muß ich sagen, Sie haben ganz recht getan.

MUTTER LÜCKEL. Dien Jan ...

TRINA. Wat is auch, Mudder?

MUTTER LÜCKEL *fällt weinend auf einen Stuhl.* Ach Gott, ich hevv solche Angst ...!

*Aufgeregter Menschentrupp auf der Straße.*

KÖRTING. Aber, Mutter Lückel ... Hören Sie, Frau Biggen, unterlassen Sie diese Erzählungen.

DER ALTE SCHNIERMANN *am Fenster.* Sie rennen wie doll ... Sie ham kein Kopp nich.

HANNCHEN. Da läuft d'r Wittbräuke mit 'm Dokt'r.

*Der Steiger Wittbräuke kommt mit Doktor Vonderscheer hastig vorbei.*

VONDERSCHEER *draußen.* Sie ... Steiger. Da is ja der Diakonus. Ach, auf ein Wort, Herr Diakonus.

WITTBRÄUKE *Steiger, Militärmütze mit Schlägel und Eisenzeichen, lange Stiefeln, besserer Arbeitsanzug, springt aufgeregt herein.* Herr Diakonus! Wir suchen Sie schon überall. Wir bräuken Sie.

VONDERSCHEER *kühler, mürrischer Mann, eintretend.* Herr Diakonus ... ich bin der Betriebsarzt Doktor Vonderscheer ... auf einen Augenblick ... *Nimmt Körting beiseite und flüstert ihm etwas zu.*

KÖRTING *erschrocken, ergreift Hut und Stock.* Mein Gott ...! Aber gewiß, Herr Doktor, ich komme sofort mit. *Zu den Lüchels.* Gott befohlen.

DIE LÜCKELS *plötzlich von großer Angst befallen; Trina und Mutter Lückel suchen den Diakonus festzuhalten.* Wat is dat ... Herr Diakonus, wat soll dat ... Et is wat Schreckliches passiert ... Sie machen uns so 'ne Angst ... Seggen Sie's uns, Herr Diakonus ...!

KÖRTING. So laßt mich doch nur ... ich bitt euch ... Ich schwöre euch, es ist nichts ...

VONDERSCHEER. Herrgott, Leute, nehmt doch Verstand an! Wißt ihr denn, ob's euch betrifft? Haltet uns doch nicht auf!

WITTBRÄUKE *macht den Diakonus frei und stößt die Frauen zurück.* Loslassen, zum Dunnerwedder ...! För dat Gewinsel is jetzt keine Zeit. Laßt los, segg ich ...!

VONDERSCHEER. Kommen Sie ... rasch, rasch ...

*Vonderscheer und Körting eilen hinaus. Die Frauen halten Wittbräuke fest.*

DIE LÜCKELS. Herr Wittbräuke ... wat is passiert ...? Seggen Sie's uns ... seggen Sie's!

WITTBRÄUKE. Laßt mich, ich muß zur Zeche. Freilich is wat passiert, 'ne Streckenzimmerung is zu Bruche. Die elendigen Zimmerlinge ham wieder mal 'ne Luderarbeit makt.

MUTTER LÜCKEL. O Gott, et sünd Minschen verunglückt! Wohl, Wittbräuke ...? Ihr hevvt Dote!

WITTBRÄUKE. Wat weiß ich. Wir können nich dazu ... So laßt mich ...!

TRINA. Wo is sie zu Bruche?

WITTBRÄUKE. Wo der Lüüskirchen sien Gedinge hat,

MUTTER LÜCKEL *Aufschrei.* A ... h! Da arbeit't uns' Pittjupp.

TRINA. Mien Bruder ...!

WITTBRÄUKE. Freilich, dien Bruder un dien Mann. Drum laß los ...!

TRINA *prallt zurück.* Mien Mann ...? Dat lügst du! Er geht in die Gießerei!

WITTBRÄUKE. Ja, wenn du besser weißt, wo dien Mann arbeit't, wie der Steiger ...

*Mutter Lückel packt ihn am Arm, zwingt ihn zum Schweigen.*

WITTBRÄUKE *stockend.* Ach so ... nu ja ... nu ... kann sein, ich weiß nich ... denn arbeit't er in der Gießerei ... Adjüs. *Will gehen.*

TRINA *die starr dagestanden, schreit.* Steiger ...! Steiger, du bleibst!

WITTBRÄUKE *scheu.* Wat willst du von mir?

TRINA *mit schrecklicher Ruhe.* Wo is mien Mann?

WITTBRÄUKE. Ich ... ich weiß nich ... du seggst, er war in der Gießerei ...
TRINA. Is Jan Biggen eingefahren ...? Ja oder nein?

*Wittbräuke schweigt ratlos. Trina klammert sich am Tisch an, fällt stöhnend auf einen Stuhl. Wittbräuke eilt scheu hinaus.*

MUTTER LÜCKEL *müht sich um Trina.* Trina ...! Trina ...!
TRINA *stößt ihre Mutter zurück, springt auf, schlägt um sich.* Dat's ja all dumm Züg! Er hat mir die Hand gevven heut in der Früh un hat seggt: »Trina, ich geh in die Gießerei.« In die Gießerei, in die Gießerei un nich upp die Zeche! Jan lügt nich, Jan seggt, wie's is.
MUTTER LÜCKEL. Ja denn ... denn wird er wohl in der Gießerei sein ... ja. Aber ich muß nach Pittjupp sehn. Ach Gott, ach Gott, mien Jung! Wirf dir wat über, Trina, komm.
TRINA. Wat, Pittjupp! Ich hevv selver Kinners. *Packt ihre Kinder.* Hier sünd unsre armen Würmer, ich frög: wo is mien Mann?
MUTTER LÜCKEL. Nu, komm nur, Trina, denn sühst du, 's könnt sein, Jan wäre doch upp der Zeche ...
TRINA *sieht sie durchdringend an.* Du ...! *Packt sie und schüttelt sie.* Mudder, weißt du, wo Jan is, so segg mir's! Raus damit! Schniermann ...! Hannchen ... Ihr wißt's!

*Der alte Schniermann und Hannchen wehren ängstlich ab.*

MUTTER LÜCKEL. Trina, laß mich ... sühst du, er war doch heut morgen hier ...
TRINA *aufschreiend.* Er war hier, un ...?

*Mutter Lückel schweigt.*

TRINA *schreckliches Weinen.* Mudder, um des Himmels Barmherzigkeit ...! Du weißt, wo Jan is. Er is nich eingefahren ... wohl! Er is in der Gießerei ... wohl? Mudder ... Mudder, segg mir's. Nich wahr, dat kann ja gar nich möglich sein, dat Jan upp der Zeche is ... Mutter! *Sie zerrauft sich das Haar und bricht in ein irres Gelächter aus, das in heiseres wildes Schreien übergeht, wobei sie mit den Armen um sich schlägt; dann wendet sie sich und rennt schreiend hinaus.*

*Draußen hört man ihren gellenden Schrei: »Jan ...! Jan ...! Jan ...!*

MUTTER LÜCKEL. Sie wird sich ein Leid antun. Ach Gott, ach Gott!

DER ALTE SCHNIERMANN. Wir wolln nach Pittjuppche sehn, Mudder ... wohl?

*Aus der Ferne hört man eine dumpfe, allen Lärm übertönende Tube. Andere Tuben setzen ein. Dann tiefe Stille. Das Rollen der Kohlenzüge hat aufgehört, das Hämmern und Pochen aus dem Werke ist verstummt, die Triebräder auf dem Förderstuhl stehen still.*

DIE LÜCKELS *haben angstvoll gehorcht.* Wat is dat ...? Wat is dat?
DER ALTE SCHNIERMANN. Dat is ja plötzlich eine Stille wie auf dem Kirchhove.
MUTTER LÜCKEL *sieht zum Fenster hinaus; Schrei.* A ... h! Sie lassen dat Werk stehn! Dat Werk steht still!
DER ALTE SCHNIERMANN. Um Gottes willen ...!
MUTTER LÜCKEL. Ich muß nach Pittjupp sehn ... nach mien Pittjupp ...! *Läuft weinend hinaus.*
HANNCHEN. Vadder Sniermann, bliev bei die Kinners ...!
DER ALTE SCHNIERMANN. Wirst du lüttes Ding hierblieven!
HANNCHEN. Etsch ...! Ich will auch dabei sein, wenn sie die Doten ruutbringen. Bä-ä-h! *Rennt hinaus.*
DER ALTE SCHNIERMANN. Dat dich der Düvel ...! Fort is se. Düvelsding! *Steht ratlos.*

*Pause. Draußen ist es jetzt totenstill. Man sieht niemanden mehr vorüberlaufen. Während des Folgenden zieht sich, durch das Stilliegen des Werkes, der Rauch auf, und langsam bricht die Sonne durch, die am Schlüsse die ganze Szene überstrahlt.*

HINNÄCK *weinerlich.* Vadder Sniermann, is dat wahr, dat mien Babba upp der Zeche is?
DER ALTE SCHNIERMANN. I ja, Hinnäck, das 's ja all Dummheitenzüg. In der Gießerei is 'r. Die Mamma seggt's doch ... wohl? Also ... kommt her, Kinners, setzt üch. *Er setzt sich auf die Ofenbank, nimmt Anngret auf die Knie, Hinnäck vor sich; singt.*

> Hans Michel, de wohnt in der Lämmergaß,
> Kann maken, wat he will.
> He makte sich en Fidelken,
> »Violin« seggt dat Fidelken,
> Un mien Mäken heißt Kathrin ...

Hähähä ... hähähä ...! *Angstvolle Miene.*

ANNGRET. Vadder Sniermann, du sollst nich singen.

DER ALTE SCHNIERMANN. Nu, worum denn nich, du dummes Ding. He?

ANNGRET *weinerlich.* Wenn nu mien Babba dot is ...?

DER ALTE SCHNIERMANN *erschrickt; zwingt sich zur Heiterkeit.* I, hört nur dat dumme Ding ... Hähä. Sie weiß nich, dat sie mit dem Glöcksken läuten ... Wenn ein Bergmann dot blievt upp der Zeche un sie holen ihn ruus, denn läuten sie mit dat Totenglöcksken. Dat is westfälische Bergmannssitte ... ja. Bim-bam. Bim-Bam ... hörst du wat ...? Also ... Hähä.

HINNÄCK. Kiek man, Vadder Sniermann, die Sonne ...

DER ALTE SCHNIERMANN. Ei, die Sonne ... kiekt ... ei, wie schön. Je ja, da sie dat Werk stehn lassen, zieht der Rauch weg, un nu kommt die Sonne durch ... ei, ei. Wenn du nu am alten Tagesschacht wärst un fein achtgäbst, denn könntst du dat Kobolderchen sehn.

DIE KINDER. Dat Kobolderchen ...?

DER ALTE SCHNIERMANN. Ja, das Kobolderchen. Wenn die Sonne scheint, denn kömmt's ruut aus dem Schacht Wißt ihr dat nich? ... Das Kobolderchen is ein Zwerg, drunten im Bergwerk. Da bewacht's die verborgenen Schätze. Un wenn die Berglüüt ein neues Flöz anschlagen, denn schleppt der Zwerg die Schätze immer tiefer in die Erde, so habgierig is 'r ... hähä. Aber wenn er in seiner Dunkelheit sitzt, denn packt ihn wohl eine Sehnsucht nach dem Licht. Un wenn nachts Vollmond is, denn huscht er ruus aus dem alten Schacht un hockt sich ins Buschwerk un guckt heimlich den Irrlichtern zu. Die Irrlichter, mit ihren weißen Gewand un einen leuchtenden Diadem, tanzen upp dem großen Teich beim Tagesschacht, un denn rufen sie den Froschkönig:

> Froschkönig im Schilfrohr, segg uns einmal,
> Sünd wir so schön wie ein Sonnenstrahl?

Und der Froschkönig kömmt uus dem Schilf geplustert:

> Ihr Irrlichter seid zwar die schönsten allhier,
> Doch die Sonnenstrahlen sünd noch viel schöner als ihr.

Hähä ... hähähä. Da hat's dem Kobolderchen keine Ruh lassen. Er wollt die Sonnenstrahlen sehn, die noch veel schöner sünd wie die Irrlichter. Und wie zu Middag die Sonne am höchsten steht un die Sonnenstrahlen sich im Froschteich baden, kommt er aus sienen Schacht gekrochen. Aber wie die Sonne den garst'gen Zwerg sieht, da macht sie ... kieks, kieks ... un sticht ihm beide Augen aus ... hähähä. Da sitzt er nu im

Buschwerk un hört, wie die Sonnenstrahlen upp dem Teiche vorm Froschkönig danzen un rufen:

Ach wie schön wir sünd, wie schön wir sünd ...!

Und dat Kobolderchen tastet so mit die Hände un seggt immer:

Wenn ich sehn euch künnt, wenn ich sehn euch künnt ...!

Hähähä ... Ja, un wenn nu die Sonne scheint, denn müßt ihr an den alten Tagesschacht gehn und müßt ihn ausspotten. *Singt.*

Kobolderchen, ei du garst'ger Zwerg,
Mußt sitzen in deinem finstern Berg.
Jungfer Sonnenstrahl möcht deine Liebste sein,
Wo hast du denn deine Guckäugelein?

Hähähä ... hähä!

*Die Kinder singen mit ihm das Verslein.*

DER ALTE SCHNIERMANN. Ei, nu kickt mal ... die Sonne.

*Sie stehen in der voll hereinbrechenden Sonnenpracht. Plötzlich ertönt aus der Ferne ein dumpfer, langgezogener Wehruf, wie von einer großen Menschenmenge.*

DER ALTE SCHNIERMANN *tief erschreckt.* Wat war dat ...? Wat war denn dat ...?

*Auf die Szene dringen die leisen Klänge des Totenglöckleins. Die Kinder horchen. Schniermann aber schlürft langsam nach vorn, sinkt auf einen Stuhl, nimmt die Mütze ab und faltet betend die Hände.*

## Dritter Akt

*Mutter Lückels Wohnstube.*

*Es ist heller Tag. Die Koloniestraße ist leer, und das Werk ruht. Während der folgenden Vorgänge hört man aus der Ferne die feierliche Weise eines Männerchores, die sich langsam verliert. Nach einer Weile von weit her ein Posaunenchor: »Jesus meine Zuversicht«. Dazu von ferne ununterbrochen das Läuten der Kirchenglocken der Stadt Dortmund, bis die Leidtragenden über die Koloniestraße zurückkommen. Hannchen liegt im Fenster und blickt mit langem Halse die Koloniestraße hinab. Ans der Stube rechts dringt Gestöhne.*

HANNCHEN *springt auf und öffnet die Türe, in Pausen.* Wat is auch, Pittjuppche? Laß dien Bein ruhig, dann dut's nich weh ... Soll ich dir Wasser gevven? Hä? Nich? Nu, denn sei still, Pittjuppche, Mudding kommt bal', un d'r Dokt'r kommt auch ... Jetz is der Zug schon upp dem Kirchhofe, nu dauert's vielleicht noch 'n halv Stund, dann is Mudding da. *Schließt behutsam die Türe und huscht auf den Zehenspitzen fort.*

LANGENSCHEIDT *schaut hastig zum Fenster hinein.* Hannchen!

HANNCHEN. Ach, Herr Langenscheidt ...!

LANGENSCHEIDT. Du bist allein ... wohl?

HANNCHEN. Pscht, pscht! ... Pittjupp liegt nebenan. Der hört alles.

LANGENSCHEIDT. Un diene Mudder ...?

HANNCHEN. Sie sünd doch alle mit zum Begräbnis.

LANGENSCHEIDT *kommt herein, wirft sich abgespannt auf einen Stuhl.* Mädel, gevv m'r 'n Glas Wasser!

HANNCHEN *reicht es ihm furchtsam hin.* Da ... Herr Langenscheidt.

LANGENSCHEIDT *nachdem er es hinuntergestürzt hat.* Ah, ganz elend is mir zumute ... verflucht noch mal. Ich bin gleich davongelaufen, wie der Zug kam. Ich kann so wat nich sehn. Zehn Särge ... un die Menschen! Die Weiber un Kinder heulen, die Männer schleichen dahin mit solchen Wachsgesichtern ... Äh! ...! Speiübel wird einem bei der Geschichte!

HANNCHEN *Schürze vor dem Gesicht.* Uns' Trina ... uns' Trina heult schon gar nicht mehr. Ich gläuv, se hat den Verstand verloren.

LANGENSCHEIDT. Deufel auch, 's is kein Spaß. Nu sitzt se da mit den Kindern, un der Mann liegt auf dem Kirchhofe. Wie lange waren se verheiratet?

HANNCHEN *schluchzend.* Zwei Dag vorm Unglück sünd se getraut.

*Langenscheidt starrt vor sich hin. Gestöhne aus der Nebenstube. Langenscheidt springt auf.*

HANNCHEN. Dat 's 'uns' Pittjupp. Er kann sich nich lassen vor siene Schmerzen. Dat rechte Bein war zwischen die Stempel eingeklemmt. Ooch, dat sieht schlimm aus, Herr Langenscheidt, et wird ganz schwarz.

LANGENSCHEIDT. Es is 'ne Schande. Mein Vater hat doch auch 'ne Zeche, und unser Werk an der Saar is bald so groß wie dat ... Bei uns kommen so viele Unglücksfälle nich vor ... Aber dat is der Wittbräuke! Der Bengel läßt die Zimmerlinge murksen un guckt nich hin.

HANNCHEN. Pscht, nicht so laut, Herr Langenscheidt. Pittjupp bräukt nich zu hören, dat Sie da sünd.

LANGENSCHEIDT. Na, nu hör man auf mit Weinen, Hannchen. Dat Unglück is nu mal geschehn, dat machen keine Tränen wieder gut ... Hannchen. *Klopft ihr auf den Rücken.* Nu sei auch gut, Mädel ... Komm mal her. *Zieht sie auf den Schoß.*

HANNCHEN. Nee, nee, Herr Langenscheidt ...

LANGENSCHEIDT. Na, komm nur. *Zieht sie hin.* Such mal, ich hab dir wat mitgebracht. *Zieht ein Schächtelchen mit Ohrringen aus der Tasche.* Echte Diamanten, vom Juwelier in Essen. Kosten mich 'n Mordsgeld. Da hast se.

HANNCHEN *sitzt auf seinem Schoß; außer sich.* Herr Langenscheidt, un dat 's mien ... dat 's mien? Ach Gott, ach Gott! ...

LANGENSCHEIDT. Hähä, wie die sich noch freuen kann, hähä!

*Hannchen läßt in kindlicher Freude die Steine funkeln; plötzlich gibt sie sie enttäuscht zurück.*

LANGENSCHEIDT. Na nu ...

HANNCHEN. Ach Gott, ich darf sie ja doch nicht dragen. Mudder schlug mich halvtot.

LANGENSCHEIDT *steht überlegend da, pfeift durch die Zähne.* Nu segg mal, soll ich dien Mudding nich noch mal anreden, dat du nach Dortmund ziehn darfst?

HANNCHEN. Sie läßt mich nich. Sie wissen doch, der Diakonus ...

LANGENSCHEIDT. Der verdammte Pfaffe ...! Nu, Hannchen, wenn du nu einfach wegziehst un frögst dien Mudder gar nich?

HANNCHEN. I, da kennen Sie mien Mudder schlecht. Die läßt mich mit d'r Polizei wedder holen. *Langenscheidt geht verdrießlich im Zimmer umher.*

HANNCHEN *kniet auf dem Stuhl, neckt ihn.* Hihihi, wat ham Sie denn eigentlich an mir, Herr Langenscheidt? Gehn Sie doch zu 'ner annern, hihi. Ich hab ja schon lang 'nen Schatz ... jawoll ... un einen hübschen, mit einem Schnauzer ... so ... hihi! Wenn der einen küßt, dat krabbelt so unter der Nase, hihihi!

LANGENSCHEIDT *will sie fassen.* Mädel, ich bin ganz verrückt auf dich!

HANNCHEN *hüpft wie ein Kind in der Stube umher.* »Mein, Schatz, das ist ein Reitersmann, er wohnt nicht weit von hier« ... Lassen Sie mich gehn, ich schrei ...! Passen Sie upp. Jetzt zieh ich hier einen Strich – *Zieht mit dem Absatz einen Strich.* so-o-o ... Un nu dürfen Sie bloß noch bis an den Strich gehn, hihihi. *Hüpft auf dem Strich und springt zurück, wenn Langenscheidt kommt.* Etsch. Dat is verboten ... Da ham Sie mich ... nu, da ham Sie mich ... Etsch ... Herr Langenscheidt, Herr Langenscheidt ...!

*Langenscheidt hat sie in seinen Armen und küßt sie stürmisch. Gestöhne aus der Nebenstube. Die beiden fahren auseinander.*

HANNCHEN. Herr Langenscheidt, nu solln Sie gehn, oder ich geh.
LANGENSCHEIDT. Hannchen, hör ... da hast du diene Diamanten.
HANNCHEN. I wat soll ich damit.
LANGENSCHEIDT. So nimm sie nur. *Zwingt sie ihr auf.* Hannchen, nu sei mal nich wie 'n kleines Kind ... hör mal. Ich hab meinem Vater geschrieben, ich will wieder nach Hause. Ich mag nich länger in der elenden Gegend bleiben.
HANNCHEN. Ach, un da gehn Sie wedder nach Haus?
LANGENSCHEIDT. Interessiert dich dat?
HANNCHEN *guckt vor sich hin, wirft plötzlich das Diamantenschächtelchen in die Stube.* Ich mag Ihre Ohrringe gar nich ham. *Weint.*
LANGENSCHEIDT *hebt das Schächtelchen auf, sieht, daß sie weint, preßt sie stürmisch in seine Arme.* Hannchen ... Hannchen ...!
HANNCHEN. Ach, lassen Sie mich doch gehn, lassen Sie doch!
LANGENSCHEIDT. Hannchen, hör upp mich. Mein Vater hat geschrieben, ich müßt meine Volontärzeit aushaken. Aber ich bleib einmal nich. Ich pack meine Sachen un geh auf und davon.
HANNCHEN *schmollt.* Dat is mich ganz egal.
LANGENSCHEIDT. Nein, Hannchen, dat darf dir nich egal sein. Denn siehst du, Hannchen, ... du mußt mitkommen!
HANNCHEN *fährt erschreckt auf, dann lachend.* Hahaha, dat wer' ich bliebenlassen, Herr Langenscheidt.
LANGENSCHEIDT *mit überstürzter Hast.* Nein, du mußt mit, Hannchen. Siehst du, ich hab viel Geld, und ich hab bei jeder Bank Kredit. Wir können machen, was wir wollen. Ich kauf dir schöne Kleider, ich mach dich zu 'ner Dame, du kommst hier für immer raus ... Hannchen!
HANNCHEN *überlegt.* I ja ... ich wer' so dumm sein. Upp einmal ham Sie 'ne annere, und dann sitz ich da.

LANGENSCHEIDT *ergreift fast weinend ihre Hände.* Hannchen, ich will ja von keiner was wissen als von dir. Mir laufen sie alle nach, aber ich mag sie nich. Ich bin ganz toll auf dich, ich kann nichts mehr denken, als dich ...! Wirf dir was über, Hannchen, geh mit!

HANNCHEN *rennt ängstlich umher.* Nee, nee, ich tu dat nich ... ich hab so 'ne Angst ...!

LANGENSCHEIDT. Hannchen, wenn du nich willst, dann is mir alles egal, dann bring ich mich um ...! *Reißt sein Taschenmesser heraus.* Dann schneid ich mir hier vor dir die Pulsadern auf ...!

HANNCHEN *entreißt ihm schreiend das Messer.* Herr Langenscheid ...! Herr Langenscheidt ...! Ach Gott, ich will ja alles tun, wat Sie von mir verlangen ... Dat Messer her ...!

*Gestöhne aus der Nebenstube.*

HANNCHEN. Pscht ...! Pschtl *Rennt zum Fenster und schaut hinaus.*

*Draußen gehen sonntäglich gekleidete Arbeiter und Koloniebewohner vorbei.*

HANNCHEN. Da kommen sie vom Begräbnis. Mien Mudder kommt ... gehn Sie!

LANGENSCHEIDT. Wenn du mitgehst.

HANNCHEN. Ja, Herr Langenscheidt Ach Gott, ich bün Ihnen ja auch so gut ... ich hab bloß so 'ne Angst ...!

LANGENSCHEIDT *sie umarmend.* Hannchen ...!

HANNCHEN. Mien Mudder kommt!

LANGENSCHEIDT. Paß auf ... hier hast du Geld ... da. So nimm's doch, zum Deufel! *Nötigt es ihr auf.* Um sechs Uhr geht vom Dortmunder Bahnhof der Kölner Schnellzug. Komm hin, ich steh am Bahnhof, hörst du? Und wenn du nicht kommst ...! *Schüttelt sie wild.* Wenn du nich kommst!

HANNCHEN. Ich komm, ich komm ... aber nu gehn Sie, Herr Langenscheidt.

*Langenscheidt rennt zur Türe.*

HANNCHEN *stößt die Stubentüre links auf.* Laufen Sie hier naus ... springen Sie durchs Fenster, un dann durch die Kohlgärten upp die Straße ...

LANGENSCHEIDT. Adjüs, Hannchen ... Wenn du nich kommst! *Hinaus.*

HANNCHEN. Ich komm! *Schlägt die Türe hinter ihm zu.*

*Draußen ziehen unablässig Trupps vom Begräbnis kommender Koloniebewohner vorbei. Der alte Schniermann, sonntäglich gekleidet, kommt, Hinnäck und Anngret führend, gebeugten Hauptes herein. Hinter ihm kommen langsam Trina und Mutter Lückel. Trina ist ganz schwarz gekleidet, hat ein schwarzes Kopftuch übergeworfen und wird von ihrer Mutter gestützt.*

MUTTER LÜCKEL *führt Trina zu einem Stuhl beim Tisch.* Da ... setz dich her, Trina ... so-o-o. Na, un nu denk mal an wat anners. Du mußt da drüber wegzukommen suchen. Laß ihm sienen Grabesfrieden. *Weinend.* Bün ich denn nich auch getroffen. Mien Schwiegersohn dot, mien Jung zu Schaden ... Du mußt et dragen, Trina.

*Trina sitzt apathisch da.*

DER ALTE SCHNIERMANN. Je ja, dat is schwer zu dragen, aber nu heißt's, nich den Kopp verleeren.
MUTTER LÜCKEL *plötzlich rasend, gibt ihm einen Stoß.* Aaler Stiesel!! Du hast gut Muul machen! Konntet du't nich sinn? Mußten's die lütten Kerls sinn? Ob se diene dürren Knochen 'n Johr früher fortschafften, dat käm doch upp eins ruut!
DER ALTE SCHNIERMANN. Pscht, Mudder Lückel, um Gottes willen! Dat sollt Ihr nich seggen. Jeder hat sien Levven leev, ob's nu 'n Junger oder 'n Aaler is.
MUTTER LÜCKEL. Gevv den Kinners wat zu essen, Hannchen. 'n bißken Milch und 'ne Brotschnitte.

*Hannchen gibt den Kindern Milch und schneidet ihnen Brot ab.*

MUTTER LÜCKEL *an der Stubentüre rechts.* Nu, Pittjuppche, mien leev arm Jung. Wie steiht et denn? Haste geschlafen? Nich ...? Ach Gott, ach Gott, er kann för siene Schmerzen nich schlafen. Nu wart nur, mien Jung, gleich kömmt d'r Dokt'r ... er wird dir Linderung schaffen ... ja, dat wird er, Pittjuppche ... *Steht vor Trina.* Trina ... mien leev Trina. *Schüttelt sie und schreit.* Trina, sitz nich so da, ich kann dat nich ansehn!
TRINA. Wat is denn, Mudder?
MUTTER LÜCKEL. Du sollst nich so dasitzen. Du wirst den Verstand verlieren, wenn du dich nich uppraffst.
TRINA. Ich raff mich schon upp, Mudding.
MUTTER LÜCKEL. Wie euer Vadder gestor'm is, da hab ich auch geschrien un geheult. Aber denn gab ich mir einen Ruck und hab mich för euch gesorgt. Un sähst du, Trina, du mußt an diene Kinners denken, dann wirst du't tragen.
TRINA. Miene Kinners ... miene Kinners ... *Beginnt leise zu weinen.* Miene Kinners ...

MUTTER LÜCKEL. Trina ...

DER ALTE SCHNIERMANN. Pscht, laß sie. Laßt sie sich ausweinen.

TRINA. Ich hab ihm so dringlich seggt. »Jan«, hab ich seggt, »fahr nich inn. Jetzt gehört dien Levven diener Fruu un dienen Kinners. Setz dien Levven nich upp't Speel.« Un da is er doch gangen ... dat mir zu essen ham, dadrum is 'r gangen. All die Jahr hab ich mich upp die Zeit gefreut, wo ich 'nen Mann hab un die Kinners 'nen Vadder. Gewaschen hab ich, dat ich all Dag mit verbundnen Händen rumleef, so war mir die Haut runter. Un wie ham mir uns gefreut, wenn mir wedder dat Geld zusammen hadden för 'n Schaap oder 'n Bedde oder 'n Stuhl. *Immer erregter.* Un gleich beim erstenmal schlägt's ihn dot, schlägt den kräft'gen Mann dot, dot! *Wild herausschreiend.* Ich gläuv an nix mehr! Et gibt keine Gerechtigkeit un keine Barmherzigkeit mehr!! *Sie wirft wild schreiend den Kopf auf den Tisch; ihr Geschrei geht in krampfhaftes Schluchzen über.*

*Pause. Gestöhne aus der Nebenstube.*

MUTTER LÜCKEL. Trina, faß dir Mut. Komm, geh mal zu Pittjuppche ... wohl? Er is dien Bruder, er will dich sehn in siene Schmerzen. Geh zu ihm, Trina.

*Trina geht, auf ihre Mutter gestützt, mit dieser in die Nebenstube.*

DER ALTE SCHNIERMANN *will sich eine Pfeife anzünden, legt sie aber schmerzbewegt wieder hin.* Je ja ... dat wird jetzt 'ne Not werden bei uns.

HANNCHEN. So ... denkst du, Vadder Sniermann?

DER ALTE SCHNIERMANN. Mir wer 'n för Trina un ihre Kinners sorgen müssen, denn mit die paar Penning, die ihr die Werksverwaltung gevvt, kommt se nich hin. Und der Jung ... uje, uje, dat bißken Unfallrente. Da werd' ihr Mäkens düchtig ranmüssen.

HANNCHEN. Ich wer' noch mehr Sigarrn wickeln müssen, wohl?

DER ALTE SCHNIERMANN. Dat wirst du wohl müssen. Dat Bummeln hat nu 'n Ende.

HANNCHEN. Un mir die Lunge ruutarbeiten müssen, dat ich auch upp den Kirchhof komme ... wohl?

DER ALTE SCHNIERMANN. Dat geht ja so schnell nich.

HANNCHEN *steht überlegend am Tische.* Dat wer' ich blievenlassen, Vadder Sniermann.

DER ALTE SCHNIERMANN. I ja, dat wirst du wohl müssen.

HANNCHEN *fußstampfend.* Wenn ich aber nich will!

*Der alte Schniermann zuckt die Achseln.*

HANNCHEN. Ich weiß, was ich tu. *Geht in die Krankenstube.*
DER ALTE SCHNIERMANN. Wat willst du auch dun, dummet Dings.

*Diakonus Körting und Liesa erscheinen, von einem Arbeitertrupp umgeben, unter der
Tür.*

KÖRTING *draußen zu den Leuten.* Und nun geht heim, ihr Leute, aber seid eingedenk
des Schrecklichen. Vergeßt es nicht! Und laßt euch nicht sagen: es war eine Fügung.
Eine solche Fügung gibt es nicht! Der klügelnde Verstand sagt: es war eine Fügung,
aber das Gewissen schreit: es war ein Verfehlen! Und hört auf das Gewissen. Leute!

*Stimmen draußen: »Dat wollen wir dun, Herr Diakonus. Jawoll, Herr Diakonus.«*

KÖRTING. Gott mit euch, ihr Leute.

*Stimmen draußen: »Adjüs, Herr Diakonus ... Herr Diakonus!«* – *Der Trupp entfernt
sich. Körting und Liesa treten ein.*

KÖRTING. Gott zum Gruß.
DER ALTE SCHNIERMANN. Tag, Herr Diakonus.
KÖRTING *hockt vor den Kindern, drückt sie an sich.* Nu, ihr Kinderchen ... ihr armen
lieben Kinderchen ... *Aufsehend.* Wo sind die andern?
DER ALTE SCHNIERMANN. Sie sünd beim Pittjuppche.
KÖRTING. Und Trina?

*Der alte Schniermann ratloses Achselzucken.*

KÖRTING. Ich bin in einer Stimmung ...! Ach, ich könnte wie ein Rasender durch die
Kolonie laufen und schreien, schreien ... schreien! ... Liesa ...!
LIESA *die teilnahmslos dagesessen hat.* Dat war nich richtig, wat Sie draußen zu den
Leuten seggt ham, Herr Diakonus.
KÖRTING. Wie ...?
LIESA. Ich kann mir nich helfen, aber ... Ich hätt Ihnen am liebsten die Hand vor den
Mund gehalten, sehen Sie.
KÖRTING *bittere Lache.* Da soll ich mich also hinstellen wie der Superintendent an
den zehn offenen Gräbern und soll sagen: »Das alles ist eine Fügung, das müßt ihr

ruhig hinnehmen, niemanden trifft ein Verschulden.« Und dabei stehen die Schuldigen dicht vor ihm.

LIESA. Ich versteh ja von alldem nix, aber dat weiß ich: wenn die Leute den Trost nich mehr ham, dann werden sie sehr unglücklich sein.

KÖRTING. Ach.

LIESA. Jawoll, Herr Diakonus.

*Mutter Lückel kommt weinend herein.*

KÖRTING. Mudder Lückel ... mien leev alt Mudding.

MUTTER LÜCKEL. Ach, Herr Diakonus.

KÖRTING. Sie dürfen nicht mehr weinen, Mudding. Sie müssen die Zähne zusammenbeißen, ja das müssen Sie.

MUTTER LÜCKEL. Ja, dat hätt ich auch wohl nun mögt, Herr Diakonus. Aber, wie ich denn am Grabe stand un d'r Herr Superintendent so schön seggt hätt: »Es is eine Fügung ...", da dacht ich: Wat nützt dir's, dat du dich wehrst un stemmst. Wie's bestimmt is, so kommt's, da wird alles Menschenwerk zuschanden. Ja, wenn't so nich wäre – *Wild die Arme erhebend.* – ja, dann möcht man ... dann ...! *Weich.* Aber's is 'ne Fügung, und da muß man sich in Demut beugen.

KÖRTING *steht starr.* Ja, Mudder Lückel ... ja ...

*Liesa sieht ihn an, geht dann schweigend in die Krankenstube.*

MUTTER LÜCKEL. Pittjuppche hat schon nach Ihnen frögt, Herr Diakonus. Sie möchten ihm Trost sprechen ...

KÖRTING. Ich komme schon, Mutter ... *Geht gebeugten Hauptes ins Krankenzimmer.*

*Mutter Lückel ihm nach. – Nach einer Weile kommen Werksdirektor Klönne, Doktor Vonderscheer und der Steiger Wittbräuke über die Koloniestraße.*

WITTBRÄUKE *einfacher Sonntagsanzug, tritt diensteifrig ein.* Bitte, Herr Direkt'r ... hier wohnt die Familie Lückel.

KLÖNNE *robuster älterer Mann, mehr derb als vornehm.* Glück auf ... Der Sohn ist verunglückt, nich wahr?

WITTBRÄUKE. Und der Schwiegersohn, der Häuer Biggen.

KLÖNNE *streckt Schniermann väterlich die Hand hin.* Ach, Sie sind wohl der Vater Lückel, mein lieber, alter ...

WITTBRÄUKE. Nein ... der alte Lückel is dot. Wie wir noch mit der Fahrkunst arbeiteten, is 'r abgestürzt Die Witwe bezieht Pension.

KLÖNNE. So, so, ... Na, ihr Kinderkens, ihr kleinen Lückels.

WITTBRÄUKE. Biggen heißen sie, Herr Direkt'r,

KLÖNNE *unangenehm überrascht.* Was, ich denke, der Biggen hatte eben geheiratet?

WITTBRÄUKE. Ja, aber die Kinder sind sein, für die hatte er zu sorgen.

KLÖNNE. Hm ... wo is denn die Frau Lückel?

DER ALTE SCHNIERMANN *der in höchster Verlegenheit unablässig Verbeugungen gemacht hat.* Ich werde sie man gleich rufen, ergebenster Herr Direktor. Ich bitte Euer Wohlgeboren einen Augenblick.

KLÖNNE. Schon gut, schon gut.

*Der alte Schniermann schlürft in die Krankenstube.*

WITTBRÄUKE. Schniermann heißt 'r. 'n Werksinvalide. Bezieht schon seit 'n paar Jahren 'ne kleine Pension.

VONDERSCHEER *kühler mürrischer Mann.* T-hä! Mir scheint, die halbe Kolonie lebt von der Pensionskasse.

KLÖNNE *rennt umher.* 's is zum Deubelholen! Wenn wir vom diesjährigen Betriebsüberschuß nich mindestens dreißigtausend Mark nehmen, is die Pensionskasse bankerott. Die Aktionäre werden mir keine Schmeicheleien sagen. *Zu Wittbräuke.* Und das alles durch solche liederliche Aufsicht ...!

WITTBRÄUKE. Ich bitte, Herr Direkt'r ...

KLÖNNE. Ruhig. Ich will nichts hören.

*Mutter Lückel kommt verängstigt herein.*

KLÖNNE *streckt ihr die Hand entgegen.* Guten Tag, liebe Frau Lückel. Betriebsdirektor Klönne ... Sie kennen mich doch? Ich wollte Ihnen mein herzlichstes Beileid ausdrücken über den schweren Schlag, der Sie betroffen hat. Die Generaldirektion hat bereits die strengste Untersuchung angeordnet. Ist ein Verschulden vorhanden, so wird niemand geschont ... *Blick auf Wittbräuke.* Niemand.

MUTTER LÜCKEL. Ich danke ... ich danke. Et is eben 'ne Fügung, da läßt sich nix dun.

KLÖNNE. Ja, da haben Sie ganz recht. Sehen Sie, das freut mich von Ihnen, meine liebe Frau Lückel ... Na, Doktor, dann untersuchen Sie mal den Mann. Und bitte, ein recht eingehendes Gutachten.

VONDERSCHEER. Ja, mehr wie untersuchen kann ich nich. Übrigens können Sie sich ja selbst überzeugen ...

KLÖNNE. Nein, danke.

VONDERSCHEER. Also. *Zu Mutter Lückel.* Da drinnen liegt 'r, hä? Schön. *Geht ins Krankenzimmer.*

MUTTER LÜCKEL *angstvoll.* Herr Direkt'r ... un Sie möchten's nich ievelnehmn ... ich wollt Sie gebeten ham .... Sorgen Sie för uns, Herr Direkt'r!

KLÖNNE. Aber natürlich, meine liebe, beste ... übrigens, ich habe gehört, Sie beziehen schon Unterstützung für Ihren toten Mann?

MUTTER LÜCKEL. Ja, aber dat sünd man bloß 'n paar Penning.

KLÖNNE. Na, es is doch wenigstens etwas, nich wahr? Man muß sich eben einrichten. Unsereiner hat auch noch immer zu wünschen.

MUTTER LÜCKEL. Wenn mien Jung nich mehr arbeiten kann ... mir ham kein Stücksken Brot mehr, Herr Direkt'r.

KLÖNNE. Beruhigen Sie sich nur, liebe Frau. Unsere Pensionskasse ist ja reich dotiert; unsere Aktionäre sind freigebige Leute. Das wird alles geregelt werden.

*Mutter Lückel geht mit zaghaften Gebärden in die Krankenstube.*

KLÖNNE *zu den essenden Kindern.* Nu, ihr Kinderkens, dat merk ich, an Appetit fehlt's euch nich, he? Hähähä. *Geht sorgenvoll umher.*

WITTBRÄUKE. Herr Direkt'r, erlauben Sie mir zwei Worte ...

KLÖNNE *barsch.* Nein.

WITTBRÄUKE. Herr Direkt'r, ich hab schon Vernehmung upp d'r Staatsanwaltschaft gehabt; man wollte mich verhaften. Herr Direkt'r, ich hab 'ne Fruu un veer Kinners ... helfen Sie mir, Herr Direkt'r!

KLÖNNE. Ich werde mich hüten. Tragen Sie nur die Verantwortung. Warum haben Sie solche liederlichen Verzimmerungen machen lassen.

WITTBRÄUKE. Herr Direkt'r, wenn Sie dat seggen ... Auf dem Betriebsbüro hieß's den ganzen Dag: »Vorwärts, Wittbräuke, et muß mehr gefördert werden. Wir müssen die Konjunktur ausnutzen ...«

KLÖNNE. Was ... und das wagen Sie nun so auszulegen ...!

WITTBRÄUKE. Herr Direkt'r, ich bitte um Entschuldigung, aber ...

KLÖNNE. Ruhig jetzt. Hier stehen Tür und Fenster offen. Es herrscht überdies eine Aufregung in der Kolonie ... Die Leute sehen einen an mit Blicken ...

WITTBRÄUKE. Herr Direkt'r, dat is die Folge von Hetzereien. Die Leute wer 'n aufgewiegelt.

KLÖNNE. Ach, gehn Sie.

WITTBRÄUKE. Jawoll, Herr Direkt'r. Der Diakonus Körting rennt rum. Der Mensch hetzt im Wirtshaus, in den Stuben. Dat is 'n ganz gefährlicher Aufwiegler. Der wird der Werksverwaltung noch zu schaffen machen.

KLÖNNE. Diakonus Körting ...? Man hat mir von diesem Menschen schon erzählt. Ich bin direkt vor ihm gewarnt worden ...

WITTBRÄUKE. Der hetzt überall. Und gläuven Sie mir, Herr Direkt'r, wie eben die Düre uppging, sah ich ihn schon wieder beim Krankenbette stehn.

KLÖNNE. Was! Mit solcher Frechheit ... Rufen Sie mir den Menschen mal raus!

WITTBRÄUKE *geht.* Jawoll, Herr Direkt'r.

KLÖNNE *plötzlicher Einfall.* Halt, Wittbräuke. Lassen Sie mal ... Das will überlegt sein. Da schaden wir uns am Ende mehr, als wir uns nützen. *Geht umher, bleibt stehen.* Nach allem, was ich über den Mann gehört habe, muß man ihn vorsichtig anfassen ... Bitten Sie doch den Herrn Diakonus auf einen Augenblick zu mir heraus.

*Wittbräuke geht in die Krankenstube.*

KLÖNNE *bleibt vor Hannchens Arbeitstisch stehen; jovial zu Hinnäck.* Nu, Jungelken, wie heißte denn?

HINNÄCK. Hinnäck.

KLÖNNE. Sieh mal an. *Hat eine Zigarre vom Tisch gegriffen.* Machst du die Sigarrn?

HINNÄCK. Nee, die Hannchen ... för 'n Herrn Finkensiep.

KLÖNNE. Finkensiep, Finkensiep? Wat du nich alles weißt. Wat kosten se denn, he?

HINNÄCK. Ich gläuv, vier Penning.

KLÖNNE. So, so. *Plötzlich interessiert.* So-o-o? *Hat eine Zigarre aus der Tasche gezogen und vergleicht sie scharf mit der andern, wirft diese plötzlich hin und steckt seine wieder ein.* Na, meine sind doch besser.

*Wittbräuke und Körting kommen herein.*

KLÖNNE *nachdem er den Diakonus einen Augenblick gemustert hat.* Betriebsdirektor Klönne.

KÖRTING *sehr zurückhaltend und verbissen.* Diakonus Körting.

KLÖNNE. Herr Diakonus, verzeihen Sie, wenn ich Sie in Ihrer seelsorgerischen Tätigkeit gestört haben sollte, aber ... sehen Sie, ich habe das Bedürfnis, mich einmal mit Ihnen auszusprechen.

*Körting rührt sich nicht.*

KLÖNNE. Ich gehe eben mit unserem Betriebsarzt durch die Kolonie, um mich selbst von der Lage zu überzeugen und den Unglücklichen Hilfe zu bringen. Das betrachte ich als meine Menschenpflicht.

KÖRTING *zögernd.* Hilfe tut dringend not.

KLÖNNE. Gewiß ... und ich kann Ihnen sagen, die gesamte Werksverwaltung ist geradezu konsterniert über das schreckliche Unglück, welches uns betroffen hat. Sind Schuldige da, sie sollen keine Schonung finden.

KÖRTING. Wie ... Sie glauben also selbst an ein Verschulden, Herr Direktor?

KLÖNNE. Nun ... das heißt ... ich möchte nicht falsch verstanden sein. Wer darf wagen, es jetzt, da die Untersuchung noch schwebt, bereits zu behaupten, und wer darf wagen, es ohne weiteres zu bestreiten?

KÖRTING. Ja ... ganz recht.

KLÖNNE. Auf alle Fälle bin ich Ihnen dankbar, Herr Diakonus.

KÖRTING. Wie ...?

KLÖNNE. Nun, wir können schließlich nichts bringen als materiellen Trost; Sie aber bringen den höheren, den geistigen. Nach allem, was ich gehört habe, sollen Sie vor unsern Leuten den richtigen, zu Herzen gehenden Ton gefunden haben.

KÖRTING *mit Hohn.* Ja, wenn mir das der Herr Betriebsdirektor sagt ...

KLÖNNE. Bitte, kein Mißverständnis, Herr Diakonus ... *Vertraulich.* Offiziell würde ich dies ja nicht sagen, aber inoffiziell ... *Ergreift mit Wärme seine Hände.* Mein verehrter Herr Diakonus ...!

KÖRTING *unsicher geworden.* Ich bin förmlich in Verlegenheit, Herr Direktor ... ich hatte eine ganz andere Vorstellung von Ihnen und ... ich sehe in Ihnen einen so humanen und freimütigen Mann ...

KLÖNNE. Aber ich bitte Sie, warum sollte ich denn anders sein? Schließlich bin ich doch auch nur ein Angestellter des Werkes, nicht wahr ...? Zwar in höherer sozialer Stellung, aber ... Die Werks Verwaltung kann mich fortjagen wie jeden ändern, hahaha! Man ist eben auch ergriffen durch solchen schrecklichen Unglücksfall.

KÖRTING *unsicher.* Ich möchte Sie fast um Verzeihung bitten ... *Herzlich.* Man hat Ihnen noch nicht einmal einen Stuhl gegeben, Herr Direktor.

KLÖNNE. Aber bitte, lassen Sie nur, liebster ... bester Herr Diakonus.

KÖRTING. Herr Direktor, da Sie so offen zu mir geredet haben, will auch ich nicht anstehen zu sagen, wie empört ich bin über diese Art, mit Menschenleben umzugehen, als ob sie nichts gälten.

KLÖNNE. Nun, nun ... so darf man freilich auch nicht sprechen. Sehen Sie, gerade weil wir uns nun gegenseitig verstehen, erlauben Sie mir als dem Älteren und vielleicht auch Erfahreneren, Ihnen zu sagen: wie wir auch sonst denken mögen, in unserm Urteil müssen wir stets zurückhaltend sein.

KÖRTING. Wie ...?

KLÖNNE. Ich meine, wir müssen stets das Bewußtsein haben, daß unser Urteil schwerer wiegt als das der andern.

KÖRTING. Nun, gerade deshalb muß man auch den Mut haben, zu sagen, was ist.

KLÖNNE. Gewiß, gewiß. Indessen ... daß sich unser Urteil nicht einmal gegen uns selbst wendet.

KÖRTING. Jetzt verstehe ich Sie nicht.

KLÖNNE. Bester Herr Diakonus, ich begreife vollkommen die Gefühle, die Sie zu Ihrem Urteil leiten. Ich war auch einmal jung wie Sie; arm wie Sie; verbittert und radikal wie Sie. Das schärfste Wort war mir gerade gut genug. Wenn man dann aber in eine andere Lebenslage kommt ...

KÖRTING. Ich wüßte nicht, wie das bei mir sein könnte. Sie sagten, ich sei arm. Es ist wahr. Ich bin ein Bettler, und ich schäme mich dessen nicht Dann müssen Sie aber auch begreifen, daß ich nicht die Gefühle des Direktorialzimmers haben, sondern die Auffassung dieser unglücklichen Kolonie ...

*Klönne abwehrende Handbewegung, geht lächelnd umher.*

KÖRTING. Verzeihen Sie ... aber diese Auffassung werde ich mein Leben lang behalten, so gut ich mein Leben lang ein Bettler bleibe!

KLÖNNE. Ihr Leben lang ... *Lache.* Herr Diakonus, mit Ihren Fähigkeiten bleibt man kein Bettler. Für Sie wird ebenso die Stunde des Glücks kommen, wie sie für mich gekommen ist.

KÖRTING. Entschuldigen Sie, aber ... für Redensarten sind wir beide denn doch wohl zu ernsthafte Männer.

KLÖNNE *legt beruhigend die Hände auf Körtings Schultern.* Es ist mir gerade, als ob ich mich selbst sprechen hörte, als ich noch zwanzig Jahre jünger war. Und es ist doch alles anders gekommen, als ich es mir damals gedacht habe. Es wird auch für Sie anders kommen ... jawohl. *Eindringlich.* Jahrelang sitzen Sie vielleicht in der Nacht Ihres Kummers und Ihrer Not und wissen sich keinen Rat. Und gerade wenn Ihre Not am größten und schon Ihre letzte Hoffnung begraben ist ... klopft es an Ihre Pforte. Sie gehen hin, öffnen, und ... da steht das Glück! ... Und wenn Sie dann hinaustreten in den Sonnentag des Glückes und werfen Ihren Blick zurück auf die, die im Schatten leben und mit denen Sie selbst einmal gelebt haben, dann bereuen Sie jedes harte Wort, jedes vorschnelle Urteil. Es sind tödliche Pfeile, die Ihnen nachfliegen.

KÖRTING *steht eine Weile wortlos.* Ich muß sagen ... noch niemand hat sich die Mühe gegeben, so mit mir zu sprechen Man verachtet mich ...

KLÖNNE. Ach!

KÖRTING. Jawohl!

KLÖNNE. Ihre Verbitterung spiegelt Ihnen das vor.

KÖRTING. Sie haben da eine Hoffnung in mein Herz gepflanzt ...

*Klönne sieht ihn an.*

KÖRTING *träumerisch.* Ich möchte auch so gerne einmal in der Sonne stehen ...

KLÖNNE *bedeutsam.* Das ist in Ihre Hand gegeben.

KÖRTING *sieht ihn unsicher an, dann nimmt er langsam zögernd Hut und Stock vom Tische, reicht dem Direktor unschlüssig die Hand.* Gott befohlen.

KLÖNNE. Adieu, Herr Diakonus.

*Körting geht langsam und gebeugten Hauptes hinaus.*

WITTBRÄUKE *der ihm durchs Fenster nachsieht.* Er verläßt die Kolonie!

KLÖNNE *wegwerfende Handbewegung.* Der sagt nichts mehr ... Sehen Sie, man muß die Leute zu nehmen wissen.

VONDERSCHEER *kommt herein.* Also, Herr Direktor ... nun habe ich den Lückel eingehend untersucht. Es ist bloß das Bein, sonstigen Schaden hat er nicht genommen. Aber der Mann muß noch heute ins Krankenhaus. Das Bein muß abgenommen werden.

KLÖNNE. Himmeldonnerwetter! *Wütender Blick auf Wittbräuke.*

VONDERSCHEER. Nu, wenn schon, so is's doch besser, 's kost' bloß 'n Bein als gleich den Kopf.

KLÖNNE. Schon recht, indessen ... wir haben einen Invaliden mehr.

VONDERSCHEER. Ganzinvalide wird der Mann nich. Und überhaupt ... die Knappschaftsberufsgenossenschaft muß ihm eben Unfallrente zahlen.

KLÖNNE. Ja, da ham Sie recht. Ich werde doch mal hineingehen.

VONDERSCHEER. Bitte.

KLÖNNE *barsch zu Wittbräuke.* Sie bleiben hier und warten auf mich.

*Klönne und Vonderscheer gehen ins Krankenzimmer.*

WITTBRÄUKE *unterwürfig.* Jawohl, Herr Direktor. *Allein, mit Zeichen der Angst umhergehend.* O Gott ... o Gott ...!

DER ALTE SCHNIERMANN *kommt aus dem Krankenzimmer, leise.* Je ja, dat is 'ne schlimme Sach, Herr Wittbräuke. Ich gläuv, se wollen ihn dat Bein affsnieden.

WITTBRÄUKE. Wat geht's dich an, aaler Dööskopp! *Plötzlicher Einfall.* Halt, Aaler! Du kannst mal wat för mich dun. Hier – *Gibt ihm.* – haste fünf Groschen für Schnaps, verstanden?
DER ALTE SCHNIERMANN *zögernd.* Jawoll, Herr Wittbräuke.
WITTBRÄUKE. Die sünd dien, »die kannste verdrinken. Nu gehste naus un holst dir 'n paar Kinners un aal Lüüt zusammen. Dann stellt ihr üch hier vor der Düre upp, un wenn der Direkt'r Klönne ruuskommt, so schreist du so laut, wie du kannst: »Der Herr Direkt'r soll leben ho-o-ch!« Verstanden?
DER ALTE SCHNIERMANN. Jawoll, aber ... Herr Wittbräuke ...
WITTBRÄUKE *stößt ihn hinaus.* Lauf schon, zum Donnerwedder! Du leevst hier upp Werksunkosten, du kannst auch mal wat dun.

> *Schniermann geht. – Hannchen, Trina, von Liesa unterstützt, kommen aus der Krankenstube.*

TRINA *erblickt Wittbräuke.* O du ...!
WITTBRÄUKE *zieht sich furchtsam zurück.* Wat is denn? Wat hab ich dir gedan? Ich könnt et ebensogut sein wie dien Mann. Upp mich haut jetzt alles ein; ich bün der Sündenbock, nach die annern fragt keiner.

> *Trina sitzt in sich versunken am Tische. Klönne, Vonderscheer und Mutter Lackel kommen herein. Klönne geht mit verdrießlichem Gesicht umher.*

VONDERSCHEER *zieht Papier und Schreibzeug aus der Tasche und füllt auf dem Tische einen Krankenschein aus.* Wie heißt Ihr Jung, hä?
MUTTER LÜCKEL. Pitter Jausepp ...
VONDERSCHEER *schreibend.* Peter Joseph ... Lückel ... Karrenschieber, wat?
MUTTER LÜCKEL. Ja.
VONDERSCHEER. Alter?
MUTTER LÜCKEL. Achtzehn wird 'r.

> *Klönne schnalzt mit der Zunge, wütender Blick auf Wittbräuke.*

VONDERSCHEER. So-o-o. *Schreibt noch etwas.* Doktor Vonderscheer ... Un nu unterschreiben Sie dat mal, Frau Lückel.
MUTTER LÜCKEL *nimmt die Feder; erschrickt.* Wat, das is 'n Krankenhuusschein ...?
VONDERSCHEER. Nu natürlich ... Hier können Se den Jungen doch nich pflegen ... wohl?

MUTTER LÜCKEL. Ja aber ... ins Krankenhuus ...? Wat wolln Sie denn mit ihm machen?

VONDERSCHEER. Dat müssen die Krankenhausärzte feststellen.

MUTTER LÜCKEL. Im Krankenhuus sünd se man immer gleich mit dem Operieren bei der Hand ...

VONDERSCHEER. Wenn's nötig is ... *Grob.* Also, wolln Se unterschreiben oder wolln Se nich unterschreiben?

MUTTER LÜCKEL. Ach Gott, ach Gott ... wat mach ich bloß ... Herr Diakonus ... *Sieht sich um.*

KLÖNNE. Der Diakonus ist eben weggegangen.

LIESA *fährt auf.* Weggegangen ...? Er sagte doch, er wollte ... Wo ist er hin?

KLÖNNE *gleichgültig.* Mir scheint, er hat die Kolonie verlassen.

*Liesa sieht ihn durchdringend an.*

KLÖNNE *interessiert.* Kennen Sie den Diakonus näher, Fräulein?

LIESA *schreckt zusammen.* Nein ... nein ...

KLÖNNE. Der Diakonus verkehrt wohl oft bei Ihnen?

LIESA. Nein, er lieh mir nur manchmal Bücher ...

KLÖNNE. So, so.

*Liesa setzt sich, starr vor sich hin blickend, auf die Ofenbank.*

VONDERSCHEER. Nu sein Se mal verständig, Frau Lückel. Wenn 's Bein runter muß, muß's doch runter, un besser, Ihr Junge hat bloß noch ein Bein, als Sie ham überhaupt keinen Jungen mehr ... wohl?

MUTTER LÜCKEL. Herr Direkt'r, ich bitt Sie ... helpen Sie einer aalen Fruu ...?

KLÖNNE. Ja, liebste Frau ... ich kann darin leider gar nichts tun ... Vertrauen Sie nur unsern Ärzten. Wir wollen Ihnen doch Ihren Sohn erhalten ... daß das Unglück für Sie nicht noch größer wird ... nich wahr? Na, und dann ... unsere Betriebskrankenkasse bezahlt ja auch dreizehn Wochen lang für Ihren Jungen die Kurkosten ... Na und nun unterschreiben Sie mal ... – *Hat sie sanft genötigt.* so ... o ... o.

*Mutter Lückel sitzt, nachdem sie unterschrieben hat, leise weinend am Tische.*

VONDERSCHEER *faltet den Schein zusammen;* Na, nu werd ich mich nach 'nem Wagen und 'n paar Transportleuten umsehn ... Und was ich noch sagen wollte, Frau Lückel, da drinnen is 'ne ganz verdorbene Luft. Setzen Sie den Jungen 'n bißken hier ans Fenster, dat schadt ihm gar nix. Und ... sagen Sie ihm nix, damit er sich nich unnütz aufregt ... Herr Direktor ...

KLÖNNE. Gut. Wir wollen gehn. Adieu, Frau Lückel. *Gibt die Hand.* Suchen Sie es zu tragen. Die Werksverwaltung wird, soweit als möglich, zu helfen suchen. *Gibt Trina die Hand.* Adieu, Frau Biggen ... Kopf hoch, Frau Biggen. Solchen schrecklichen Ereignissen stehen wir schwachen Menschen ratlos gegenüber. Es war eine Fügung.

*Trina fährt auf.*

KLÖNNE *erschrocken, mit stotternder Stimme.* Nun ... wenigstens sagte Ihre alte Mutter ... und Sie wissen, alte Leute soll man ehren ...

TRINA *wendet sich ab; harte Stimme.* Hinnäck! Anngret! *Sie nimmt ihre Kinder bei der Hand und schleicht langsam hinaus.*

LIESA *stützt sie.* Ich wer' dich zu Huus begleiten, Trina.

KLÖNNE. Ja, gehn Sie mit ihr, Fräulein ... Stützen Sie sie ...

*Trina, Liesa, die Kinder gehen langsam über die Koloniestraße.*

KLÖNNE *wütender Blick auf Wittbräuke.* Es ist empörend!

*Die Männer wenden sich zum Gehen. Als Klönne unter der Tür erscheint, hört man Schniermanns Stimme: »Der Herr Werksdirekt'r soll leben ...!« Einfallende Hochrufe.*

KLÖNNE *freudige Überraschung.* Aber das ist doch zu nett von den Leuten ... ganz überraschend ...! Ich danke Euch, Ihr Leute, ich danke!

WITTBRÄUKE *kriecherisch.* Sehen Sie, Herr Direkt'r, die Stimmung in der Kolonie is ganz vorzüglich!

*Die Männer entfernen sich über die Koloniestraße.*

DER ALTE SCHNIERMANN *kommt verstört herein, tritt sacht auf Mutter Lückel zu und legt das Fünfgroschenstück vor ihr auf den Tisch.* Da ... Mudder.

MUTTER LÜCKEL. Wat soll ich mit den fünf Groschens?

DER ALTE SCHNIERMANN *leise.* Pscht. Wat kaufen sollt Ihr Euch davor, Mudder.

MUTTER LÜCKEL. Behalt du auch diene fünf Groschens. Du kannst se besser bräuken als ich.

DER ALTE SCHNIERMANN *energische Abwehr.* Nee, nee ... Kauft Euch wat, Mudder.

MUTTER LÜCKEL *sich erhebend und das Geldstück einsteckend.* Kom'sche Mucken haste ... du kannst mal helfen den Pittjupp an't Fenster setzen, Vadder Sniermann.

*Mutter Lückel und Schniermann gehen in die Krankenstube. Hannchen, die hinterm Tische gesessen, springt auf, sieht sich vorsichtig um und guckt zum Fenster hinaus. Dann holt sie Langenscheidts Geld hervor und betrachtet es. – Geräusch in der Krankenstube, steckt das Geld ein und springt behend in die linksseitige Nebenstube. Mutter Lückel und Schniermann schieben einen hochlehnigen, ledergepolsterten, altertümlichen Holzstuhl aus der Krankenstube heraus. Darinnen sitzt, ganz in Decken verpackt, Pittjupp, mit todbleichem Gesicht und schwarzumränderten Augen. Er wimmert leise vor sich hin. Sie schieben den Stuhl zum Fenster, rücken einen gewöhnlichen Holzstuhl heran, auf den sie ein Kissen legen, um dann vorsichtig Pittjupps zerschmettertes, mit Bandagen umwickeltes Bein darauf zu strecken.*

MUTTER LÜCKEL *während dieser Vorgänge.* So- o-o, Pittjuppche, nu komm, nu setzte dich an't Fenster, so-o-o. Kickste, da kannst upp die Straße kieken, wie die Kinderkens speelen. Die Luft schadt dir gar nix, hätt d'r Dokt'r seggt. So-o-o- Na, nu sei zufrieden, Pittjuppche ... mien leev Jung.

PITTJUPP *apathisch dasitzend, schwache Stimme.* Ich soll in't Krankenhuus, Mudding?

MUTTER LÜCKEL. Ja ... nu ... wat is auch, Pittjuppche? Sühste, dat hätt d'r Dokt'r so seggt. Da hast du ein besseres Bette, gute Luft un Pflege ... nu, sühst du ... *Zeichen der Sorge.*

PITTJUPP. Un mien Bein, Mudding?

MUTTER LÜCKEL. Nu, wat wird sinn? Sie machen dir einen Gipsverband, seggt d'r Dokt'r, un denn kannst du in 'n paar Wochens wedder rumtollen. Wohl, Vadder Sniermann?

DER ALTE SCHNIERMANN. Ja, ja. *Wischt sich die Augen, abwehrende Bewegung; geht langsam hinaus aber die Straße.*

MUTTER LÜCKEL *kramt eine Flasche hervor.* Da hat mir Vadder Sniermann fünf Groschens gevven. Un nu paß upp, Jung, wat du för 'n goot alt Mudding hast ... Nu geh ich zum Wirt un käuf mien Jung einen Schoppen roden Wein. Der wird dich stärken, der wird mien kranken Jung smecken, wohl? ... Hannchen ...! Hannchen!

*Hannchen kommt zögernd herein.*

MUTTER LÜCKEL. Wat auch treibst du ... hä?

HANNCHEN *maulig.* Nix.

MUTTER LÜCKEL. Wirst du an diene Arbeit gehn? Diene Mudder bräukt dat Geld!

HANNCHEN. Ich mag nich!

MUTTER LÜCKEL. Wat ...? *Stock suchend.* So soll dich gleich der Düwel ...

HANNCHEN *frech.* Ich laß mich nich mehr hauen! Un ich mag mir nich die Schwindsucht upp den Hals arbeiten! Verstehste mich!

MUTTER LÜCKEL *läßt erschreckt den Stock fallen.* Ja nu ... je ja ... Och Gott, wat soll ich da bloß machen! ... Wenn du mir auch nich mehr gehorchst, wat soll ich da bloß machen in all dem Unglück! *Geht laut weinend mit ihrer Flasche über die Koloniestraße.*

HANNCHEN *sieht ihr nach; hastig.* Pittjuppche, horch, wo is Mudding hin?

PITTJUPP. Ich gläuv ... Wein holen.

HANNCHEN. Hm ... Da kommt sie fix wedder ... Pscht, Pittjuppche. *Huscht ins Nebenzimmer. Gleich darauf stürzt sie wieder mit einem Arm voll Kleidungsstücke heraus, wirft sie auf ihren Tisch, kramt in wilder Hast darin; setzt einen Hut auf, zieht ein altes Jackett an.*

PITTJUPP. Wat tust du, Hannchen?

HANNCHEN. Ich ... hm. Sühst du, ich muß zum Finkensiep nach Dortmund, Deckblädder holen.

PITTJUPP. Da bräukst du dich doch nich anzuziehn.

HANNCHEN *schaut fortwährend hastig zum Fenster hinaus.* Je ja, sühst du ... *Wütend.* Dat geht dich doch überhaupt nix an!

PITTJUPP. Wenn ich uppstehn könnte ... schmiß ich dir wat in't Gesichte.

HANNCHEN *Zunge blakend.* Bä-ä-äh! *Hastig herumsuchend.* Pittjuppche, horch ... Sei mir nich bös, Pittjuppche, ich muß doch nach Dortmund ... Weißt du nich, wo Papier is ...? Da is welches. *Greift ein Stück Papier, beschreibt es auf ihrem Arbeitstische mit fliegender Hast, legt es dann auffällig hin; Blick zum Fenster hinaus.* Da ... so ... Un nu muß ich fort ... Dat du Mudding nix seggst, Pittjuppche, wohl? Ich hab't ihr uppschrieven ... sie liest's schon.

PITTJUPP *angstvoll.* Hannchen, wat willst du dun?

HANNCHEN. Nix, nix. Adjüs, Pittjupp. *Küßt ihn.* Un dat du wedder gesund wirst.

PITTJUPP *hält sie fest.* Hannchen, ich laß dich nich. Ich schrei, dat die Mudder kommt ...!

HANNCHEN. Pscht, pscht. Laß mich los ...! Sühst du, wenn du schreist, dann ...!

PITTJUPP. Ich halt fest ...! Ich schrei ...!

HANNCHEN *versucht vergebens sich loszureißen.* Pscht, Pittjupp, so laß doch ...! Pittjupp, paß upp. Wenn du mich gehn läßt un seggst Mudder nix, denn ... denn segg ich dir, wat du noch nich weißt.

PITTJUPP. Wat ich noch nich weiß ...?

HANNCHEN. Denn segg ich dir, wat se mit dir machen wollen.

PITTJUPP *tödliche Angst.* Mit mir ...?

HANNCHEN. Läßt du mich los ...?

PITTJUPP. Wenn du mir's seggst.

HANNCHEN. Un du schreist auch nich nach Mudder?

PITTJUPP *läßt sie los.* Nee, nee ... segg mir's, segg mir's!

HANNCHEN. Denn paß upp. *Mit unterdrückter Stimme.* Du sollst in't Krankenhuus ... sie wolln dir dat Bein affsnieden.

*Pittjupp gellender Aufschrei; fällt matt in den Stuhl Zurück.*

HANNCHEN. Pittjupp ... Pittjupp ...! *Steht ratlos da, greift plötzlich in die Tasche und will ihm ihre Goldstücke aufdrängen.* Weine nich ... hörst du. Kiekste, wieveel Geld ich hab; wenn du nich weinst, denn gevv ich dir dat Geld ... da ... nimm's nur ... hier. *Legt das Geld auf den Arbeitstisch; steht unschlüssig, rafft sich dann zusammen und huscht mit angstvollen Blicken auf den Bruder hinaus und über die Straße davon.*

DER ALTE SCHNIERMANN *draußen.* Hannchen ...! Hannchen ...! *Eintretend.* Nu segg mol, Pittjupp, wo springt denn dat Hannchen hin ... hä? Mit 'n Hut upp 'm Kopp? Wenn dat die Mudder wird sehn, hähähä ... da gibt et wat aus d'r Armenkasse, t-hähähä.

MUTTER LÜCKEL *kommt mit dem Wein herein.* So-o-o, mien Jung, nu sollst du mal 'ne Stärkung ham. *Holt ein Glas, schenkt dem Jungen ein und rührt Zucker in den Wein.* So-o-o. Sie ham alle Mitleid mit mien armen Jung. Wat d'r Wirt is, d'r Schmatz, der hat mir noch mal soveel Wein gevven, weil 'r förs Pittjuppche is. *Probiert.* Ei ... hm ... m ... Na, da komm, da drink, mien Jungelche.

PITTJUPP *stößt sie zurück.* Ich mög dienen Wein nich!

*Der alte Schniermann und Mutter Lückel staunen wortlos.*

MUTTER LÜCKEL. Wat ... un dat dust du diener aalen Mudder? Ich hol dir Wein, un du stößt mich weg! Kann ich daför, dat du unter die Stempel kommen büst, hä? Denn sich auch, wo du bleibst!

PITTJUPP *in wahnsinniger Angst, sie umschmeichelnd.* Mudder, sei mir nich bös ... komm, mien leev Mudder, komm, ich drink ja schon dienen Wein ... sühst du, so-o-o ... ich folg ja schon, Mudding ...

MUTTER LÜCKEL *flößt ihm den Wein ein.* Nu, sühst du. Wat is bloß in dich gefahren? Nu büst du wedder mien leev Jung.

PITTJUPP. Un, Mudder, wenn ich wedder upp die Beine bin, denn wer' 'ch för dich arbeiten ... Dag un Nacht, Mudding. Kein Dröpken Schnaps wer' ich drinken, kein Prümtabak wer' ich mehr kaufen. Jeden Penning sollst du kriegen, Mudding ...!

MUTTER LÜCKEL. Ja doch, ja doch, aber nu reg dich man nich upp, Pittjuppche ...

PITTJUPP *gesteigerte Angst.* Aber, Mudder ... nicht wahr, ich bräuk nich in't Krankenhuus ... wohl? Ich bliev zu Huus, bis ich wedder gesund bün, Mudder ...!
MUTTER LÜCKEL. Ja, sühst du ... dat geht doch nich ... dat is doch nu alles abgemacht mit 'n Dokt'r. Er holt schon den Wagen ...
PITTJUPP *wild herausschreiend.* Mudder, laß mich mien Bein nicht affsnieden ...!!!! *Schlägt die Hände vors Gesicht, fällt in die Kissen.*

*Mutter Lückel und der alte Schniermann stehen zu Tode erschrocken da.*

MUTTER LACKEL. Wer hat dich dat seggt ...? Pittjuppche, wer hat dich dat seggt ...? *Ihn liebkosend.* Mien Jung, das is ja dumm Tuch. Wer will dich denn dien Bein affsnieden? Hab nur keine Angst nich. Sie wolln dir 'nen Gipsverband machen un dich pflegen un nix weiter. Komm, drink dienen Wein ... so-o-o. Komm, mien Jung.

*Vonderscheer kommt mit ein paar Arbeitern herein.*

VONDERSCHEER. Na, da wer'n wir ... Aha, da sitzt 'r ja ... Wie is Ihnen denn, Lückel, he?
PITTJUPP *seine Mutter festhaltend.* Mudder ... Mudder!
VONDERSCHEER. Na nu ... wat is denn los?
MUTTER LÜCKEL. Je ja, Herr Dokt'r, er will nich in't Krankenhuus.
VONDERSCHEER. Was ...! Sie ham ihm doch nich gesagt ...?
MUTTER LÜCKEL. Ich nich.
DER ALTE SCHNIERMANN. Ich auch nich, Herr Dokt'r.
VONDERSCHEER. Verdammt ...!
PITTJUPP *jammert vor sich hin.* Kein Bein affsnieden ... kein Bein affsnieden.
VONDERSCHEER *eindringlich.* Lassen Sie sich mal nich dumm machen, Lückel. Wer will Ihnen denn 'n Bein affsnieden, hä? Dummes Gerede! Gesund wolln wir Se machen, jawoll. Sie wolln doch auch mal zu den Soldaten, he? Na also. Mir wer 'n doch dem König seine Soldaten kein Bein affsnieden. Gehn Sie nur ruhig mit ... wohl? *Zu den Leuten, leise.* Vorwärts.

*Die Männer beben den Rollstuhl und tragen Pittjupp, der leise vor sich hin wimmert, vorsichtig hinaus und über die Straße.*

VONDERSCHEER. Vorsicht, Vorsicht Feste zupacken. Un nich anstoßen ... vorsichtig, zum Donner ... so-o-o- ... Adieu. Sie bekommen Nachricht von der Krankenhausverwaltung. *Hinter den Leuten her.*

*Währenddessen standen Mutter Lückel und der alte Schniermann weinend da. Dann sinkt Mutter Lückel auf einen Stuhl; Der alte Schniermann schaut dem Transport nach.*

DER ALTE SCHNIERMANN. Ich laß mien Kopp, dat hat ihm die Hannchen seggt.
MUTTER LÜCKEL *wütend aufspringend.* Hannchen ...! *Nebenstube links.* Hannchen ...!
DER ALTE SCHNIERMANN. Sie is nich da.
MUTTER LÜCKEL. Wat ...?
DER ALTE SCHNIERMANN. Mit 'n Hut upp 'm Kopp is se aus d'r Kolonie ruut.
MUTTER LÜCKEL. Wat ...? Wo is se denn hin ...? *Erblickt die Sachen auf dem Arbeitstisch; plötzliche Angst.* Wat hat sie denn mit ihre Sachen zu dun ...? Sniermann, wo is sie hin?

*Ratloses umschauen.*

DER ALTE SCHNIERMANN. Da liegt ja 'n Zeddel. *Nimmt ihn.* Sie hat wat uppschreven.
MUTTER LÜCKEL. Ein Zeddel ... Lies mich dat för.
DER ALTE SCHNIERMANN *buchstabierend.* Nu, wie heißt denn dat? ... »Ich kann's bei euch ... nich mehr aushaken ... ich mag nich mehr ... Hunger leiden ... ich bin mit Herrn Langenscheidt fort ...«
MUTTER LÜCKEL *kurzer Aufschrei.* Fort ...! Mit Langenscheidt ...! Ach Gott, wat mach ich denn ... er hat sie in seiner Gewalt. Er wird mien Kind zugrunde richten ... Wat fang ich an. Hilft mir denn keiner ...!
DER ALTE SCHNIERMANN. Da liegt ja Geld. Herrgott, lauter Goldstücke. Mudder Lückel, da seht doch ... *Hält ihr das Geld hin.*
MUTTER LÜCKEL *packt sich an den Kopf, Auf schrei.* Dat ham se mir för mien Kind gegevven!!! *Schlägt rücklings auf den Boden hin.*
LIESA *die, eintretend von der Türe aus, den Vorgang verfolgt bat, stürzt zu ihr hin.* Mudder ...! Mudder ...!!!

**Vierter Akt**

*Mutter Lückels Wohnstube.*
*Es ist Tag. Das Werk ist in voller Tätigkeit. Der Lärm der Arbeit dringt auf die Szene.*
*Liesa sitzt, mit Zigarrenmachen beschäftigt, an Hannchens Arbeitstisch; hält in der Arbeit*
*inne und schaut mit verträumten Blicken vor sich hin; singt.*

Et waren zwei Königskinner,
Die hadden einanner so leev.
Se konnten tosammen nich kommen,
Die Wasser warn veel zu deef ...

*Fährt zusammen und arbeitet weiter.*

TRINA *kommt nach einer Weile, in Kopftuch und gewöhnlichem Arbeitskleide, herein.*
Tag, Liesa.
LIESA. Tag, Trina ... schon wedder da?
TRINA *verzweifelt herausbrechend.* Wat will ich machen! Ich hevv ja niemanden! Ich
hvv je keinen Menschen, der mir hilft!
LIESA *weiterarbeitend.* Je ja.
TRINA. Wickelst du jetzt Sigarrn?
LIESA. Ja ... Mudder un ich. Wenn ich us dem Produktenverein zu Huus komme, so
helf ich ihr, dat wir doch die Arbeit nich verliern ... Gestern hab ich die halve Nacht
gesessen.
TRINA. Arm Lies.
LIESA *seufzend.* Wenn's sein muß.
TRINA *vorn am Tisch sitzend.* Wißt ihr wat von Hannchen?

*Liesa schüttelt den Kopf.*

TRINA. Nu segg mir bloß, wat soll aus Hannchen werden?
LIESA *zuckt die Achseln.* Weißt du, Trina ... am Ende is's ihr Glück.
TRINA. Liesa, wie kann dat ihr Glück sein! Dat nimmt ein böses Ende. Der
Langenscheidt, dem sie alle nachlaufen ... Weißt du, wat er an ihr findt? An dem
armseligen Ding?
LIESA. Vielleicht grade drum. So spottjung, 'n halves Kind ... wohl?
TRINA. Un wenn auch ... Er wird sie bald satt kriegen. Und dann läßt 'r sie sitzen, un
sie kommt um.

LIESA *verträumt*. Nu, umgekommen war sie hier auch, bei der Elendsarbeit ... un wenn sie umkommt – *Sehnsüchtig ausgebreitete Arme.* – sie hat doch einmal dat Leben gesehn!

TRINA. Liesa, ich weiß nich, wie du dat seggen kannst An Mudders Stelle würd ich rumlaufen för Himmelangst, bis ich mien Kind wedderhätte.

LIESA. Sie läuft ja rum. Aber wo se hinkommt, heißt's: »Pscht, wollen Sie wohl den Mund halten! Unterstehen Sie sich nicht, öffentlich darüber zu sprechen!« Der Werksdirektor seggt: »Wenn nur nichts in die Öffentlichkeit dringt; wenn wir nur dem Herrn Geheimrat die Schande ersparen« ... Von uns' Hannchen redt keiner.

TRINA. Je ja ... Wo is Mudder?

LIESA. Sie is bei Pittjupp. Heut is im Krankenhuus Besuchsdag.

TRINA. Geht et wedder gut?

LIESA. Och, Mudding seggt, sie wolln ihn in vierzehn Dagen entlassen. Sie ham ihm ein Stelzbein gemacht.

TRINA. Wat will 'r denn anfangen?

LIESA. Er muß sehn, wo sie einen Krüppel wer 'n bräuken können.

TRINA. Hm. Segg mal, könntst du nich mal mit dem Diakonus reden?

LIESA *fährt zusammen*. Mit dem ... weshalb, Trina?

TRINA. Nu, der Diakonus kommt doch veel rum. Der könnte ihm wohl Arbeit schaffen.

LIESA *starrt vor sich hin, dann*. Körting is seit Wochen nich mehr hiergewesen.

TRINA. Och Gott, un wenn 'r auch man bloß 'n Krüppel is, er hat doch sien Levven ... ja, dat hat 'r. *In Weinen aufbrechend.* Aber mien Jan, mien armen Jan hat's dotgeschlagen. Ich kann ihn nich vergessen, mienen Jan.

MUTTER LÜCKEL *kommt im schlichten Sonntagskleid, Kopftuch, herein.* Dag zusammen. *Stutzt bei Trinas Anblick.*

TRINA UND LIESA. Dag, Mudder.

MUTTER LÜCKEL *lauernd*. Nu, Trina ... auch wedder do?

TRINA. Ja, Mudder.

MUTTER LÜCKEL. Was willst du denn bei der Mudder, he?

TRINA. Ach ... dich besuchen ... bloß man.

MUTTER LÜCKEL. Un sonst nix?

TRINA. Nu ... nee ... nu ... bitten wollt ich dich jo recht, dat du mir wat mitgäbst för miene hungrigen Kinners.

MUTTER LÜCKEL *wütend herausschreiend*. Dacht ich's doch, dat du wedder bloß beddeln kommst!

TRINA. Mudder, ich weiß mir keinen annern Root!

MUTTER LÜCKEL. Kannst du nich mit 's Waschen Geld verdienen?

TRINA. Mudder, ich arbeit ja, aber dat bräuk ich för Miete, denn wenn sie mir 's Dach überm Koppe wegnehmen, wat soll ich da machen!

MUTTER LÜCKEL *reißt den Schrank auf und schlägt ihn wieder zu.* Ich hab nix! Da kiek doch! Wir möten jetzt selver Hunger leiden!

TRINA *flehentlich.* Mudder, wenn du bloß 'n bißken Brot häddest, dat ich et den Kinners in Wassersupp inbröken könnte ... Gewiß un wahrhaftig, Mudder, et is et letzte Mal, dat ich beddeln komm.

MUTTER LÜCKEL *Faustschlag auf den Tisch.* Nu hör schon upp! ... wohl?! Vorgestern warste da ... »ich komm nu nich wedder«. Gestern warste da ... »ich komm nu nich wedder«. Heute biste schon wedder da ... »et is et letzte Mal«, un morgen wirste kommen un übermorgen un all Dag un wirst mir dat Brot aus 'm Schapp holen!

TRINA. Du hast mir doch mal seggt, wenn Not war, dann sollt ich zu mien Mudding kommen.

MUTTER LÜCKEL. Och wat ich seggt hab ...! Einmal hilft man un 'n anner Mal, aber wenn eine all Dag un all Dag kommt, dann verliert man die Geduld! *Holt aus dem Schranke ein halbes Brot, schneidet es in zwei Teile und legt das eine Teil vor Trina hart auf den Tisch.* Dahier, mir können nu trockne Erdäppeln essen.

TRINA *hat das Brot hastig unter der Schürze geborgen.* Danke, ... Mudder, sei auch nich so böse zu mir ... wohl? Mudding!

LIESA. Segg mol, Trina, du hast doch nu so veele Möbels. Wenn du nu davon wat verkaufen dätst ...?

TRINA *nach einiger Überlegung.* Ich könnt dem Jan sien Bedde un die Kommode verkaufen ...

MUTTER LÜCKEL *die mürrisch beiseite gestanden, eifrig.* I, dat du dat nich machst, Trina. Sie geben dir doch nix daför. Un du mußt an die Zukunft denken.

TRINA. Wie ...?

MUTTER LÜCKEL. Nu, ich denk bloß, et wird gar mancher Bergmann froh sein, wenn 'r in so 'ne schöne Wirtschaft inheiraten kann.

TRINA *empört.* Mudder ...! Jan is noch nich kalt, un du sprichst schon von 'nem annern Mann!

MUTTER LÜCKEL. Nu ja, nu wat denn?

TRINA. Ich heirat nich wedder, Mudder.

MUTTER LÜCKEL. I, kiekt man die Zimperliese an. Die will nich wedder heiraten. Wie denkst du dir dat denn eigentlich, he? Wer soll denn diene Kinners ernähren? Von mir kriegst du nich lange mehr wat, un du kannst se doch nich durchbringen ... Also, freu dich, wenn du bal' einen annern Mann kriegst, wohl?

DER ALTE SCHNIERMANN *kommt angeheitert herein.* Hähähä. Glück auf ...! Glück auf ...! Ei, kiekt man an, Trineken! Auch wedder do, hähähä.

TRINA. Nu, ich wer doch noch zu miene Mudder kommen dürfen!

DER ALTE SCHNIERMANN. Nu ... hebb ich wat seggt? Ich red bloß so. Hähähä. *Setzt sich auf die Ofenbank.* Mien Piefken wer' ich smöken. *Zündet seine Pfeife an.*

MUTTER LÜCKEL. Du trägst auch dienen letzten Groschen in die Kneipe.

DER ALTE SCHNIERMANN. Pscht, Mudder Lückel, pscht ... In der Kneipe war ich ... dat 's wahr. Aber kosten dut's mich nix. Hähähä. Denn warum? Heut is Lohndag, da sitzt d'r Vadder Sniermann in d'r Kneipe. Un denn kommen die aalen Kameradens ... die halten wat upp den Vadder Sniermann ... ja, dat dun sie. Un denn heißt's: »Hallo, Vadder Sniermann, hier haste einen Klooren!« Un noch einen, un noch einen ... hähähä. Un wenn denn d'r Vadder Sniermann zu Huus geht, denn dreht sich die ganze Kolonie um ihn nun, hähähä. Denn seht ihr, die Weltkugel hat eine Achse, un drum dreht se sich – *Grölt.* – da dreht se sich! *Trunkenes Gelächter; plötzlich, da sie alle still bleiben, ernst werdend.* Ah so ... je ja ... Seggt mol, Mudder Lückel, wat macht denn Pittjuppche?

MUTTER LÜCKEL. Nu ... 'n bißken blaß is 'r noch. Aber am Ersten wolln se 'n schon wedder schicken. Er versucht schon, up sienen Stelzbein zu gehen.

DER ALTE SCHNIERMANN. Nu kiekt man ... Da kann 'r lachen. Wenn sie ihm sien Bein bloß ordentlich entschädigen.

MUTTER LÜCKEL. Ja, dat is nu die Hauptsache. Wat mir sonst bloß anfangen solln ...!

DER ALTE SCHNIERMANN. Un ... un wat wird denn mit Hannchen?

MUTTER LÜCKEL *wütend auf ihn losfahrend.* Wirst du dien Muul halten! *Leise zu allen.* Wir sollen ja nich drüber sprechen.

TRINA. Adjüs, Mudder. Adjüs, Liesa.

LIESA UND MUTTER LÜCKEL. Adjüs, Trina.

DER ALTE SCHNIERMANN. Un mir seggst du nich adjüs, Trina?

*Trina zuckt die Achseln.*

DER ALTE SCHNIERMANN. Ich soll dir einen schönen Gruß ausrichten, Trina.

TRINA. Von wem auch?

DER ALTE SCHNIERMANN. Von dem Kobanski, dem Polen.

TRINA. Kobanski ...?

DER ALTE SCHNIERMANN. Ja, Trina, der Schmied, weißt du? Er hat ein Auge upp dich geworfen. »Die Frau Biggen«, seggt 'r, »dat is ein Weib, wie die ausschreitet, wenn sie durch die Kolonie kommt! Die könnt mir wohl gefallen.« Hähähä.

MUTTER LÜCKEL. Hast du's gehört, Trina?

TRINA. Kobanski? Jan seggt immer, der Kobanski säuft.

MUTTER LÜCKEL *interessiert zu ihr tretend.* Nu, dat kannst du ihm doch abgewöhnen.

TRINA. Wer, ich ...?

MUTTER LÜCKEL. Nu ... – *Sich besinnend.* – ach so ...

DER ALTE SCHNIERMANN. Der Kobanski kann schon mal sien Schnäpsken drinken. Der verdient sein Geld, hui! »Wenn ich mal heirat«, seggt 'r, »miene Fruu bräukt nich waschen gehn, die kann den ganzen Dag im Fenster liegen un den Leuten upp den Kopp spucken.« Hähähä.

MUTTER LÜCKEL. Nu hör nur, Trina ... wohl?

TRINA. Ich denk, die Schmiede müssen jetzt die halve Woch feiern?

DER ALTE SCHNIERMANN. I, der Kobanski nich. Der makt Überschichten, jawoll. Dat is 'n »Vierundzwanziger«, wie se upp dem Werk seggn. Er arbeit' siene vierunzwanzig Stunden hintereinander fort un nimmt nur mal 'n Schnaps un 'n bißken Essen. Un dat makt 'r die Woche so dreimal ... Trina, an die sechzig Mark hat 'r upp sienen Lohnzeddel stehn.

MUTTER LÜCKEL. Trina ...!

*Trina steht überlegend.*

LIESA *die im Hintergrunde zugehört hat.* Wat die Vierunzwanz'ger sünd, die machen dat meistens nich lange ... wohl? In 'n paar Wochen sünd se im Krankenhuus un in 'n Paar Monaten upp dem Kirchhofe.

DER ALTE SCHNIERMANN. I, der Kobanski nich! Dat is 'n Kerl wie 'n Baum. So ... hähähä. Un komisch is 'r anzukieken. Die linke Seite, wo 'r mit nach 'n Ofen steht, is ganz rot verbrannt vom Feuer, un die rechte Seite is ganz voll schwarze Haare, wie 'n Zottelbär ... hähähä.

*Trina hört mit lüsternen Augen und sinnlichem Ausdruck zu.*

MUTTER LÜCKEL. Trina, der Kobanski ... sühst du, dat sollst du dir ieverlegen ... wohl?

KLÖNNE *tritt ein, Hut auf dem Kopfe, kurz.* Tag ... Ich wünsche Frau Lückel zu sprechen.

ALLE *mit Liesas Ausnahme, kriechend demütig.* Tag, Herr Direkt'r ... Herr Direkt'r.

KLÖNNE *kühl.* Frau Lückel, ich habe mich persönlich herbemüht, um Ihnen eine Mitteilung zu machen, die ich Ihnen schuldig zu sein glaube ... Hm. Es hat heute morgen vor dem Dortmunder Landgericht ein Prozeß gegen unsern früheren Steiger Wittbräuke stattgefunden. Wittbräuke war angeschuldigt, durch nachlässige Aufsicht das vorzeitige Zubruchegehen einer Verzimmerung verursacht zu haben, bei welchem Unglück auch Angehörige und Verwandte von Ihnen leider mit betroffen worden sind.

Der Steiger ist schuldig befunden und zu einer mehrmonatlichen Gefängnisstrafe verurteilt worden. Die Werksverwaltung teilt Ihnen dies offiziell mit, damit Sie sehen, daß das Vergehen seine Sühne gefunden hat.

ALLE *außer Liesa.* Ach Gott, Herr Direkt'r ... der arme Wittbräuke ... er hat doch auch Kinder ... dat hätt ich ihm nich gewünscht, Herr Direkt'r.

KLÖNNE. Bitte ... Ich habe Ihnen dann noch etwas anderes mitzuteilen ... *Blick zur Türe.* Haben Sie immer Tür und Fenster aufstehen?

ALLE *außer Liesa.* Mir wer 'n schließen, Herr Direkt'r ... die Fenster auch ... so-o-o. *Schließen Türe und Fenster.*

KLÖNNE *zieht einen Bogen hervor und prüft seine Notizen.* Sagen Sie mal, Frau Lückel ... ich habe Veranlassung genommen, mich aus den Verwaltungsbüchern über Ihre Verhältnisse zu informieren.

MUTTER LÜCKEL *erschrickt, dann demütig.* Jawoll, Herr Direkt'r.

KLÖNNE *ablesend.* Sie leben von einer Pension, die Ihnen, als der Hinterbliebenen des mit Tod abgegangenen Bergmanns Peter Joseph Lückel, aus der Wohlfahrtskasse des Werkes bezahlt wird.

MUTTER LÜCKEL. Nu ... leben. Et sünd man bloß veer Daler upp den Monat ...

KLÖNNE. Das macht pro Jahr hundertvierundvierzig Mark, eine ganz nette Summe, für die man schon danke sagen kann.

MUTTER LÜCKEL. Jawoll, Herr Direkt'r, ich bün auch sehr dankbar ...

KLÖNNE. Schon gut. Dann haben Sie einen Sohn, der als Karrenschieber auf der Zeche verunglückt ist.

MUTTER LÜCKEL. Jawoll ... uns' Pittjupp, Herr Direkt'r.

KLÖNNE. Und der für Verlust eines Gliedes zukünftig Unfallrente beziehen wird.

MUTTER LÜCKEL. Jawoll.

KLÖNNE. Sie haben die Verwaltung gebeten, den jungen Mann, nach Möglichkeit seiner verbliebenen Körperkräfte, weiterhin auf dem Werke zu beschäftigen.

MUTTER LÜCKEL. Ja, weil er doch nich weiß, wat er machen soll ...

KLÖNNE. Die Werksverwaltung wird Ihrer Bitte willfahren.

MUTTER LÜCKEL. Ich dank Ihnen, Herr Direkt'r, ich danke.

KLÖNNE. Dann haben Sie eine erwachsene Tochter Katharina.

MUTTER LÜCKEL. Da is se selbst, Herr Direkt'r.

KLÖNNE. So, so. Ach ja, richtig. Sie waren die Ehefrau des mit Tod abgegangenen Häuers Biggen?

TRINA. Ja, Herr Direkt'r ... ich bün siene Witwe ... zwei Kinner hevv ich. Wenn Sie wat för uns dun könnten, Herr Direkt'r.

KLÖNNE. Die Werksverwaltung hat Ihre Eingabe um Witwenpension leider abschlägig bescheiden müssen ...

TRINA. Herr Direkt'r ... o Gott ... wat soll ich denn da bloß machen ...!

KLÖNNE. ... da der Häuer Biggen insgesamt nur fünf Jahre, nicht aber eine Minimalzeit von zehn Jahren auf dem Werke gearbeitet hat. Ich habe jedoch bewirkt, daß Ihnen aus freien Stücken eine kleine monatliche Unterstützung so lange bezahlt werden soll, bis Sie sich wieder verheiratet haben.

TRINA. Ich ... Ich danke, Herr Direkt'r.

KLÖNNE. Bitte ... Dann haben Sie eine Tochter Elisabeth.

MUTTER LÜCKEL. Ja ... hier.

KLÖNNE. So, so ... aha. Sie sind Verkäuferin im Laden des Produktenverteilungsvereins unserer Kolonie?

LIESA. Ja.

KLÖNNE. Sie haben also auch Ihre Existenz durch das Werk?

*Liesa sieht ihn an, dreht ihm den Rücken.*

KLÖNNE *betroffen.* Ich muß sagen ...

MUTTER LÜCKEL. Herr Direkt'r ...

KLÖNNE. Schon gut, schon gut ... Dann wohnt bei Ihnen der Werksinvalide Schniermann.

DER ALTE SCHNIERMANN *demütige Verlegenheit.* Herr Direkt'r, ich mache darauf aufmerksam ... dat ich die Ehre habe ...

KLÖNNE. Sie beziehen aus der Werkskasse Pension?

DER ALTE SCHNIERMANN. Mit devotester Zustimmung zu vermelden ... dat dies siene Richtigkeit hat. Zweiundzwanzig Jahre hab ich gearbeitet.

KLÖNNE. Ich weiß, ich weiß. Ich gönne Ihnen Ihre Pension von ganzem Herzen, lieber Schniermann. Allein ich möchte darauf hinweisen, daß das, was Sie und Ihre Angehörigen, Frau Lückel, der Werksverwaltung verdanken, lediglich Wohltaten sind. Unsere Aktionäre tun das aus freiem Ermessen, um unsere Arbeiterschaft neben ihrem Arbeitslohn in geeigneter Weise an den Betriebsüberschüssen zu beteiligen. *Hart.* Die Werksverwaltung wünscht aber nun, daß Sie sich endlich einmal all dieser Wohltaten würdig erweisen!

*Die drei stehen erschrocken da. Liesa steht hoch aufgerichtet im Hintergründe.*

KLÖNNE *zieht ein Papier aus der Tasche, zu Mutter Lückel.* Es ist Ihnen gestattet worden, auch nach dem Tode Ihres Mannes, die innegehabte Koloniewohnung, zu dem üblichen niedrigen Zinssatze weiter zu bewohnen. In dem von Ihnen unterzeichneten Mietvertrag steht nun, daß die Koloniebewohner sich eines anständigen und sittlichen Lebenswandels zu befleißigen haben. Ich bedaure, daß das bei Ihnen nicht der Fall gewesen ist.

MUTTER LÜCKEL. Herr Direkt'r, ich ... Sie dürfen mich dat nich ievelnähmen ... aber ich bün 'ne gottesfürchtige Fruu ... mir leben in der Zucht un Ordnung ...

KLÖNNE. Ihre Tochter Johanna – und damit komme ich nun zum Kern der Sache – ist, wie Sie selbst der Werksverwaltung gemeldet haben, dem Elternhause entlaufen. Nicht wahr?

MUTTER LÜCKEL. Ja, dat heißt ... Herr Langenscheidt hat uns' Hannchen fortgeschleppt ...

KLÖNNE *barsch.* Wie können Sie sich erlauben ...! Woher wissen Sie das ... was?

MUTTER LÜCKEL. Nu aber ... sie hat et doch upp den Zeddel geschrie'm, Herr Direkt'r ...

KLÖNNE. Ein junges Mädchen, von der sittlichen Beschaffenheit Ihrer Tochter, ist eine durchaus unglaubwürdige Person. Wir wissen nur, daß Ihre Tochter davongelaufen ist; mit wem, wissen wir nicht und Sie auch nicht, und ich hoffe, daß Sie auch öffentlich nicht mehr behaupten werden! Verstanden?

MUTTER LÜCKEL *stockt, dann unterwürfig.* Ich ... ich werde mich nich unterfangen.

KLÖNNE. Wie mir mitgeteilt worden ist, wird Ihnen morgen Ihre Tochter Johanna – – und wahrscheinlich durch die Polizei – – wieder zugeführt werden.

*Alle schrecken zusammen.*

KLÖNNE. Man hat dieses ... dieses Mädchen in einem Düsseldorfer Hotel aufgegriffen, und zwar ... – *Sieht sich vorsichtig um, dann leiser.* – und zwar in Gesellschaft eines unserer Volontäre, des Sohnes des Herrn Geheimrates Langenscheidt.

MUTTER LÜCKEL. Langenscheidt ...!

KLÖNNE. Herr Geheimrat Langenscheidt war außer sich über den unbegreiflichen Fehltritt seines Sohnes. Er hat ihn zur Rede gestellt. Der junge Herr hat gestanden: er sei, bei seinen Spaziergängen durch unsere Kolonie, von Ihrer Tochter Johanna angelockt worden und schließlich habe ihn das ... das Mädchen mit den Mitteln einer raffinierten Verführungskunst überredet, mit ihr durchzugehen.

*Alle stehen starr.*

LIESA *ruhig und bestimmt.* Dat is nich wahr.

KLÖNNE. Was ...!

LIESA. Dat is nich wahr.

MUTTER LÜCKEL. Liesa, wirst du ruhig sein ...!

KLÖNNE. Diese Darstellung hat der junge Herr Langenscheidt gegeben, und der Sohn des Herrn Geheimrats Langenscheidt lügt nicht!! Verstanden?

LIESA *ruhig.* Wenn er dat seggt, dann hat er gelogen.

DIE DREI. Liesa ...! Wirst du dat Muul halten ...! Wirst du nich ...! Wirst du schweigen ...!

LIESA. Er hat ihr nachgestellt, er hat ihr keine Ruh lassen, un dann hat er sie hier fortgeschleppt, dat er sie in der Gewalt hat.

KLÖNNE. Das ist ja unerhört ...!

MUTTER LÜCKEL. Wenn du nich ruhig büst, so jag ich dich naus!

KLÖNNE. Und das wollen Sie behaupten?

DIE DREI. Nee, dat werden wir nich ...! Herr Direkt'r, dat wollen wir nich ...!

MUTTER LÜCKEL. Herr Direkt'r, wat Sie seggen, dat is die Wahrheit. Ich wer' uns' Hannchen nix gläuven, mir wer 'n nix anneres seggen.

KLÖNNE *Seitenblick auf Liesa.* Sie scheinen eine sehr unglückliche Mutter zu sein.

MUTTER LÜCKEL *in Tränen aufbrechend.* Ja, dat bün ich auch, Herr Direkt'r.

KLÖNNE. Ich bedaure, Ihnen noch eine Bemerkung nicht ersparen zu können. Sie müssen doch einsehen, daß der Vorfall mit Ihrer Tochter Johanna die Werksverwaltung berechtigen würde, wegen Verstößen wider die guten Sitten, den Mietsvertrag so fort aufzuheben.

DIE DREI. Herr Direkt'r ...! Herr Direkt'r ...!

KLÖNNE. Indem Sie die Kolonie verlassen müssen, würden Sie dann, statutengemäß, aller Bezüge aus unserer Wohlfahrtskasse verlustig gehen.

DIE DREI. Wir bitten Sie ...! Herr Direkt'r ...! Ich bitt Sie inständigst ...!

KLÖNNE. Seien Sie unbesorgt. Ich bin kein Unmensch, ich habe mich sogar für Sie verwendet. Es wird nichts dergleichen geschehen. Einmal, weil Sie selbst sich' einwandfrei geführt haben, und dann auch, um den Eklat zu vermeiden.

MUTTER LÜCKEL. Sund Sie bedankt.

KLÖNNE. Aber ich erwarte auf das allerbestimmteste, daß nicht mehr das Geringste vorkommen wird.

DIE DREI. Nix mehr, Herr Direkt'r. Dat versprechen wir.

KLÖNNE. Daß Sie vor allem Ihre Tochter Johanna unter strengster Aufsicht halten und, wenn wir die Vorfälle mit dem Mantel des Vergessens bedecken, dasselbe von Ihrer Seite auch geschieht.

DIE DREI. Jawoll, Herr Direkt'r, jawoll.

KLÖNNE *bereit zum Gehen, mit stockender Stimme.* Und dann ... dann hat mich der Herr Geheimrat noch mit einer Mission beauftragt ... Der Herr Geheimrat will in seiner überströmenden Güte und ... wenn die Umstände dies notwendig machen sollten ... für Ihre Tochter Johanna in einer ihrem Stande angemessenen Weise sorgen.

LIESA *hart.* Dafür werden wir uns bedanken!

KLÖNNE. Was!

DIE DREI. Liesa ...! Liesa ...!

LIESA. Wat auch geschehen mag, ich wer' uns' Hannchen seggen, dat sie den anspucken soll, der ihr hier Geld bringt!

MUTTER LÜCKEL. Herr Direkt'r ... uns' Liesa ... Ich kiek sie nich mehr an, ich kenn sie nich mehr!

KLÖNNE. Wissen Sie, mit wem Sie sprechen? Der Produktenverteilungsverein ist auch bloß eine Abteilung des Werkes ...!

LIESA *vorstürzend, rasend, ihre Hände hinstreckend.* Die Hände sollen mir abfaulen, wenn ich sie noch mal für euch rühre!

DIE DREI. Liesa ...! Bist du doll ... Wirst du ruhig sein!

KLÖNNE. So. Wissen Sie denn auch, daß in der Kolonie nur Personen wohnen dürfen, die von uns beschäftigt werden?

LIESA. T-hä! Dann gehe ich meiner Wege.

*Pause.*

KLÖNNE. Das ist also der Dank dafür, daß man sich für euch verwendet. *Geht.*

MUTTER LÜCKEL. Herr Direkt'r, vergelten Sie mir's nich, ich bün 'ne aale Fruu ...

DER ALTE SCHNIERMANN. Herr Direkt'r, ich wohn man bloß hier, ich hevv damit nix zu dun ...

TRINA. Herr Direkt'r, eine arme Witwe bitt' Sie för ihre Kinners ...!

KLÖNNE. Das wird sich ja alles finden. *Geht über die Koloniestraße.*

*Die drei sind einen Augenblick starr, dann fallen sie über Liesa her, die trotzig vorn am Tische steht.*

MUTTER LÜCKEL. Du Schandplaster! Einen Knüppel sollt man nehmen ...!

DER ALTE SCHNIERMANN. Du wirst uns alle unglücklich machen!

TRINA. Sühst du, ich sitz mit miene Kinners im größten Elend. Wenn ich kein Witwengeld vom Werk kriege, dann komm ich her, dann nehm ich's erste beste un hau dir's übern Kopp ...!

DER ALTE SCHNIERMANN *indem er Trina zurückdrängt.* Pscht, pscht ...! Nee, wie die Lies dat seggen kann ...! Da muß man doch gar kein bißken Verstand nich ham!

MUTTER LÜCKEL. Diene Mudder muß verhungern, wenn ihr dat Werk nix mehr gibt!

DER ALTE SCHNIERMANN. Un d'r Klönne is d'r Schlechteste noch lange nich. Er hat sich för uns verwendet.

TRINA. Muulschellen könnt ich dir gevven!

MUTTER LÜCKEL. Pscht, pscht! Nu laßt nur un seid ruhig, dat sie in der Kolonie nix hören.

TRINA *fällt heulend auf einen Stuhl.* Ach Gott, ach Gott, wat soll ich bloß machen!

MUTTER LÜCKEL. Komm nur, Trina. *Ein Tuch überwerfend.* Ich wer' dich zu Huus bringen ... wohl? wir werden uns dat mal ieverlegen, wat mir dun.

DER ALTE SCHNIERMANN. Dat 's recht, dat 's recht, ieverlegt's euch mal. Wir müssen ihn versöhnlich stimmen; ja, dat müssen wir.

MUTTER LÜCKEL. Ich wer' schon mit ihm reden. Ich wer' ihn recht schön bitten ... wohl, Trina?

TRINA *wendet sich unter der Tür nochmals um.* Vadder Sniermann ...

DER ALTE SCHNIERMANN. Ja, wat denn, Trina?

TRINA *zögernd.* Der Kobanski, der Pole ... Bestell ihm mal einen rechten schönen Gruß von mir.

DER ALTE SCHNIERMANN. Dat 's recht, Trina, dat 's recht. Hähähä.

*Trina und Mutter Lückel entfernen sich über die Straße. Man hört, wie Mutter Lückel redet: »Der Kobanski, verstehst du, der Kobanski ...«*

DER ALTE SCHNIERMANN *steht überlegend.* Sie läßt ihn grüßen, hähä, sie läßt ihn grüßen. Dat heißt, da wird er sich freuen ... ich wer' doch mal nachsehn, ob er noch in der Kneipe is. Ein Snäpsken kann er dem Vadder Sniermann dafür wohl gevven. *Geht hinaus.*

*Liesa steht noch eine Weile am Tische, dann seufzt sie tief und geht langsam, gebeugt an den Arbeitstisch beim Fenster, mit Zigarrenwickeln beginnend.*

KÖRTING *tritt hastig ein. Er ist sorgfältiger und sauberer gekleidet als vordem, Haar und Bart sind korrekt verschnitten; sieht sich suchend um.* Liesa ...!

LIESA *jauchzender Freudenschrei.* Körting ...! *Will auf ihn zustürzen, dann bemeistert sie sich.* Herr Diakonus ... ach Gott, Herr Diakonus ... ich freu mich ja so, dat Sie wedder da sünd!

KÖRTING. Ich danke Ihnen, Liesa. Es tut mir wohl, daß Sie so an mir hängen. Ich konnte die letzten Wochen nicht herkommen, ich war in Arnsberg.

LIESA *glücklich.* Ach ... aber nu sünd Sie wedder da.

KÖRTING. Ja, nun bin ich wieder da, und ich bin so froh, so unsagbar glücklich, Liesa. Denn, sehen Sie, förmlich über Nacht ist mir ein großes Glück geworden. Und da bin ich denn hergeeilt. Sie sollen die erste Menschenseele sein, die es von mir erfährt, denn ich weiß ja, wie sehr Sie sich freuen werden.

LIESA. Ach.

KÖRTING *außer sich vor Freude.* Liesa ... ich bin Pfarrer geworden! Ich habe eine Pfarre in Arnsberg bekommen!

LIESA *betroffen.* Pfarrer ... in Arnsberg ... Da gehn Sie nu fort, wohl?

KÖRTING. Ja, Liesa, ich bin gekommen, Abschied von euch allen zu nehmen.

LIESA. Für immer ...!

KÖRTING. Ja, das wird wohl für immer sein. Ich habe einen guten Eindruck auf die Leute gemacht. Das ganze Presbyterium ist auf meiner Seite.

LIESA *steht vorn am Tische, stockend.* Da ... da gratulier ich Ihnen herzlich.

KÖRTING. Ich danke Ihnen, Liesa. *Umhergehend.* Ach, es ist ja ein so schier unglaublicher Glückszufall für mich! Denken Sie, ich habe weder Vater noch Mutter gekannt, ich bin im Waisenhause aufgewachsen, ich habe hier manchmal kaum trocken Brot zu essen gehabt ... Und nun komme ich plötzlich, wie mit einem Ruck, nach oben! Ich komme mir förmlich wie ein ganz anderer vor; ich habe mein Selbstvertrauen wiedergewonnen, ich habe plötzlich solchen Mut, solche Tatkraft! ... Und alle sind jetzt so liebreich zu mir, der Superintendent, der Werksdirektor Klönne, sogar der Geheimrat Langenscheidt, den ich nicht einmal persönlich kenne, sie alle haben mich nach Arnsberg empfohlen ... Sie sind so still, Liesa. Ach so ... ich habe gehört ... *Sich umschauend, dann leise.* Sagen Sie, ist es denn wahr, mit Hannchen ...?

*Liesa nickt traurig.*

KÖRTING. Hm. Ich habe es kommen sehen. Ihre Schwester war immer ein so leichtsinniges Geschöpf, mit einem so geringen sittlichen Fundus ... Der arme Geheimrat Langenscheidt! Er soll ein so sittenstrenger Mann sein, und ihm muß nun diese Schande bereitet werden.

LIESA *horcht auf, blickt ihn erstaunt an.* Wie ...? Un dat seggen Sie ...?

KÖRTING. Je nun ... Sie verstehen doch, wie ich's meine, Liesa. Wenn Sie gerecht sein wollen, auch gegen Ihre Schwester ...

LIESA *starrt mit großen Augen ins Leere; unsicher.* Ich nehm Hannchen nicht in Schutz ... nee, nee, aber vor ein paar Wochen hätten Sie dat nich seggt.

KÖRTING. Aber Liesa ...

LIESA. Nee, nee, dat hätten Sie nich seggt.

KÖRTING. Es sollte mir leid tun, wenn ich Sie gekränkt hätte.

LIESA. Och ... sie seggen's ja alle, un da muß et wohl so sein.

KÖRTING. Hm ... Wo ist denn Ihre Mutter?

LIESA. Sie is mit Trina fort.

KÖRTING. So. Dann richten Sie ihr von mir einen recht herzlichen Abschiedsgruß aus.

LIESA. Danke.

KÖRTING *gibt ihr die Hand.* Gott befohlen, Liesa.

LIESA *unsicher.* Adjüs.

KÖRTING. Ich hatte mir den Abschied von Ihnen doch ganz anders vorgestellt. Sie waren mir wirklich ans Herz gewachsen, und nun ...

LIESA. Ich kann dat noch gar nich fassen, dat Sie nu weggehn sollen.

KÖRTING. Nun, nun ...

LIESA. Ich hab Ihnen ja so veel zu danken.

KÖRTING. Ach.

LIESA. Jawoll, Herr Diakonus ... alles, wat ich bün, bün ich durch Sie.

KÖRTING. Lassen Sie das, Liesa. Schließlich war es doch nur meine Pflicht, mein bescheidenes Wissen andern mitzuteilen. Und dann ... es hat mir immer Freude gemacht, Sie so allmählich geistig wachsen zu sehen. Da haben Sie nichts zu danken.

LIESA. Un ich segg auch nich danke. Denn jetzt, wo Sie so plötzlich fortgehn, da is mir's bald, als wär's besser gewesen, Sie hätten mich dumm gelassen. Dann säß ich ruhig an Hannchens Arbeitsplatz un würd zufrieden sein, weil ich's nich besser wüßte ... Ach, ich werde sehr unglücklich sein, wenn Sie fort sünd.

KÖRTING. Nun, Sie müssen es eben überwinden, Liesa.

LIESA. Ach ... dat sünd so billige Redensarten.

KÖRTING. Liesa ...! Das hätten Sie nicht sagen sollen ... das nicht.

LIESA *abgewendet.* Ach.

KÖRTING. Wissen Sie, Liesa ... Es ist vielleicht gut, daß wir auseinandergehen, für Sie und für mich.

LIESA. Wie?

KÖRTING. Sie sprachen vorhin von Dank. Jawohl, Sie schulden mir Dank, aber in anderer Weise, als Sie zu empfinden scheinen.

LIESA. Un för wat? ...

KÖRTING. Liesa, wenn es denn einmal gesagt werden muß ... Sie wissen nicht, was ich während der zwei Jahre, die ich in Ihrer Familie verkehrte, manchmal gelitten habe ... Sie haben mir blind vertraut, und ich glaube, ich habe Ihr Vertrauen nicht getäuscht. Nicht ein Wort habe ich mit Ihnen gesprochen, welches Dritte nicht hätten hören dürfen.

*Liesa gleichgültige Bewegung.*

KÖRTING. Oh, so sollten Sie nicht tun. Vielleicht ist mir das manchmal nicht so leicht geworden ... Sie sind schön, Liesa.

LIESA. Ach. *Wendet sich ärgerlich um.*

KÖRTING. Jawohl, Liesa. Und ein anderer, der gewissenlos genug ist, hätte vielleicht Ihr Vertrauen mißbraucht. Aber wenn mich die Versuchung packte, so flüchtete ich in meine Dachstube. Nächtelang habe ich im Gebet gerungen, bis ich den Sieg über mich selbst davongetragen hatte. Und wenn ich dann wieder vor Sie hintrat, haben Sie mir nicht angesehen, was ich gelitten hatte ... Und ich meine, dafür, Liesa, könnten Sie mir ein klein wenig dankbar sein.

LIESA *ihm den Küchen zugekehrt, langsam.* Dat dank ich Ihnen den Teufel!

KÖRTING *fährt zurück.* Was ...!

LIESA. Dat hab ich alles wohl gemerkt. So wat sieht eine Frau. *Sich ihm zuwendend.* Und wissen Sie denn, ob ich nicht oft auch so gelitten habe wie Sie? Hätten Sie nur 'n Wort seggt, ich hätt mich Ihnen an den Hals geworfen!

*Körting weicht vor ihr zurück.*

LIESA. Und deshalb weiß ich nich, ob ich Ihnen danken muß.

KÖRTING. Das heißt ... ich sollte Sie in Schande und Unglück bringen?

LIESA. Schande ... Unglück ... Danach hätt ich nix frögt.

KÖRTING. Liesa! Jetzt sehe ich mit Schrecken, daß Sie nicht um ein Haar besser sind als Ihre Schwester Hannchen!

LIESA *fährt auf.* Ah!

KÖRTING. Zwei Jahre lang habe ich einen fast übermenschlichen Kampf gegen mich selbst gekämpft. Ich bin stolz gewesen auf meine Tapferkeit. Und nun sagen Sie mir ... *Bittere Lache.* Bis zu diesem Augenblick habe ich mit meiner Liebe zu Ihnen gerungen ...

*Liesa Schrei.*

KÖRTING. Ja, Liesa.

LIESA *außer sich.* Und ich liebe Sie auch, und wenn wir uns lieben ... Hier bün ich, hier ham Sie mich, machen Sie mit mir, wat Sie wollen!

KÖRTING. Liesa, schweigen Sie ...! Gott soll mich behüten ...!

LIESA. Warum?

KÖRTING. Es hieße zuvor das Glück zertreten, das Gott mir beschert hat.

LIESA *starrt ihn an, setzt sich dann an den Tisch.* Ich weiß nich ... ich würd alles för Sie hingeben, ins Wasser würd ich för Sie gehen. Sie aber reden immer nur von sich ... Herr Körting, wat Sie Ihre Tapferkeit nennen, ob dat nich am Ende bloß Feigheit is?

KÖRTING. Liesa! Ein Wort, ehe ich gehe. Kehren Sie um, Sie stehen dicht an dem Wege, den Ihre Schwester Hannchen gegangen ist.

LIESA *langsam und traurig.* Wenn Sie nich ohne dat gingen, so würd ich nu wohl seggen, dat Sie gehen sollten.

KÖRTING. Es ist gut ... Leben Sie wohl. *Er geht.*

*Liesa macht, nachdem er hinausgegangen, eine Bewegung, als wolle sie ihm nachstürzen; wirft dann, wild schluchzend, den Kopf auf den Tisch. Hierauf geht sie weinend und zitternd umher. Plötzlich stockt sie, trocknet ihre Tränen und macht eine energische Bewegung, als habe sie einen Entschluß gefaßt. Sie nimmt aus der Kommode ein Tuch, legt Wäsche und andere Gegenstände hinein und macht davon ein Bündel.*

MUTTER LÜCKEL *tritt unterdessen ein.* Segg mol, Liesa. Der Diakonus ging zur Kolonie ruut. War der bei uns ... wohl?

LIESA. Ja, Mudder. Ich soll dir einen recht herzlichen Abschiedsgruß bestellen.

MUTTER LÜCKEL. Abschiedsgruß?

LIESA. Er geht weg, nach Arnsberg. Er is Pfarrer geworden.

MUTTER LÜCKEL. I nee, soll man's gläuven! Da hat er sien Glück macht ... wohl?

LIESA. Wohl möglich, Mudder.

MUTTER LÜCKEL. Un dat is ihm zu gönnen. Er war ein hübscher Mann, un so goot zu den arm Lüüt; weel zu goot, veel zu goot ... Wat kriegt 'r denn upp siene neue Stelle?

LIESA. Ach, dat weiß ich doch nich, Mudder.

MUTTER LÜCKEL. Nu, dat möcht man schon wissen. Denn sühst du, mir sünd doch goot bekannt mit ihm, un ... da könntst du ihm mal schrieven, am Ende schickt 'r uns 'ne Kleinigkeit.

LIESA. Mudder ...!

MUTTER LÜCKEL. Nu wat denn, hä? Arm Lüüt möten sehn, wo se 't Geld hernehmn. Willst du uns ernähren ... wohl? Also – *Macht sich am Ofen zu schaffen.* – 's is Zeit zum Essen ... Dat heißt: schad is 's doch, dat der Diakonus fort is. Er war so goot zu den arm Lüüt.

DER ALTE SCHNIERMANN *tritt ein.* Hähähä ... Mutter Lückel! Nu denkt Üch mal, Mutter Lückel, ich hab's dem Kobanski seggt ... dat mit Trina, wißt Ihr.

MUTTER LÜCKEL. Nu, un wat seggt 'r?

DER ALTE SCHNIERMANN *unter fortwährenden Heiterkeitsausbrücken.* Hähä ... wie ich ihm den Gruß bestell ... hähä ... da springt 'r upp, nimmt siene Mütze un schreit: »Da muß ich gleich mal nach Dortmund un an ihre Düre pochen!« *Mutter Lückel und Schniermann schallendes Gelächter.* Sie sind hitzig, die Polen, sie fackeln nich lange. Hähähä!

MUTTER LÜCKEL *ernst.* Et is man bloß, dat sie einen Ernährer kriegt. Sie kann den Jan nich vergessen.

DER ALTE SCHNIERMANN. Je ja. Die Doten stehn nich wedder upp.

*Es beginnt zu dämmern, und im Hintergründe, hinter den schwarzen Gebäuden des Werkes, steigt langsam der Widerschein der roten Feuersglut herauf. – Liesa hat ein Kopftuch umgebunden, ihr Bündel in der Hand, tritt sie vor.*

MUTTER LÜCKEL. Wat is denn dat, Liesa? Wat soll dat bedeuten?

LIESA. Ich will fortgehn, Mudding.

MUTTER LÜCKEL. Fortgehn? Ei, un wohin?

LIESA. Dat weiß ich selver noch nich, Mudder. Aber ich geh fort von euch, un ich komm nie wedder.

MUTTER LÜCKEL *fassungslos.* Wat ...? Du willst dien aal Mudder verlassen, wo sie ihre Kinners so nötig bräukt?

LIESA. Kann ich dir wat nutzen, Mudding? Dat Werk gevvt mir kein Arbeit mehr, un hat nich der Werksdirektor seggt: wer nich bei uns arbeit', darf nich bei uns wohnen?

MUTTER LÜCKEL. Je ja, aber ... sühst du, ich wollte ihn recht gebeten ham ...

LIESA. Tu's nich, Mudder. Wat nützen dir die paar Groschens, die ich dir verdienen kann.

MUTTER LÜCKEL *unschlüssig.* Ja, da hast du wohl recht ... Aber dat du so upp einmal von uns fortlaufen willst ...

LIESA. Dat will ich dir wohl seggen. Sühst du, Mudder, ich hab vorhin mit dem Diakonus gesprochen ...

MUTTER LÜCKEL. Mit dem Diakonus ...!

LIESA. Frög nich, Mudder. Wat ich mit Körting gesprochen hab, dat wird nie ein Mensch von mir erfahren. Aber ... Mudder, et hat sich alles in mir zerrissen ...! Un, sühst du, wenn ich hierblieve, dann geh ich da dran kaputt. Un drum will ich fort, vielleicht in die großen Städte am Rhein, dat ich et da vergesse.

MUTTER LÜCKEL. Dadrum gehst du fort. *Plötzlich angstvoll.* Hör, Liesa, du sollst bei diener Mudder blieven.

LIESA. Nee, Mudder, ich bliev nich. Denn nu kann ich's dir ja seggen: du büst dienen Kinners all Dag eine schlechte Mudder gewesen.

MUTTER LÜCKEL *mit hervor stürzenden Tränen.* Liesa, dat seggst du zu dien aal Mudder, die graue Haare hat vor Sorgen um üch, die sich gebückt un gebeugt hat, för üch!

LIESA. Ja, dat segg ich, Mudder. Du hast dich zu veel gebückt un gebeugt. Vor ihnen allen hast du dich gebückt un gebeugt, und darum sünd diene Kinners ins Unglück gekommen.

MUTTER LÜCKEL. Wat. Da bün ich schuld, dat du fortmußt ... wohl? Da bün ich schuld, dat Pittjuppche ein Krüppel worden is und dat Hannchen in die Schande kommt ... wohl? ... Nu hör bloß, Vadder Sniermann, dat seggt ein Kind zu siener Mudder!

*Der alte Schniermann hat sich, sehr ernst geworden, hingesetzt, zuckt die Achseln.*

MUTTER LÜCKEL. Ja, wenn dat richtig is, wat soll ich da dun. *Hält schluchzend die Schürze vors Gesicht.*

LIESA. Hör mal, Mudding. Morgen bringen sie dir Hannchen her, dien armes Kind. Un da mußt du mir eins versprechen. Wenn Hannchen kommt, dann nimm keinen Knüppel, dann schlag sie nich, Mudder. Dann schließ die Türe zu, setz dich mit dienern Kind in einen Winkel un weine mit ihm, Mudding ... Un nu will ich gehn un zusehn, ob ich draußen in der Welt nix finde – *Arme ausgebreitet.* – wo ich mich dran klammern kann ... Adjüs, Mudding. *Küßt sie.* Adjüs, Vadder Sniermann. *Sie geht.*

MUTTER LÜCKEL UND DER ALTE SCHNIERMANN. Adjüs, Liesa ... Adjüs.

*Der alte Schniermann steht unter der Türe und schaut Liesa nach. Mutter Lückel steht eine Weile allein; dann holt sie vom Brett eine Bibel, staubt sie ab, setzt sich an den Tisch und schlägt sie auf.*

DER ALTE SCHNIERMANN. Sie ist fort, Mudder ... fort aus der Kolonie. Un wie ging sie ruut! Groß un aufrecht, un ohne sich umzuschaun! ... Ja, wat habt Ihr denn da för 'n Booch? Dat ... dat is ja die Bibel. *Er setzt sich scheu an den Ofen und faltet andächtig die Hände auf den Knien.*

MUTTER LÜCKEL *liest mit gefalteten Händen, langsam und feierlich.* »Der Herr ist mein Hirte, mir wird nichts mangeln. – Er weidet mich auf einer grünen Aue und führet mich auf rechter Straße. – Und ob ich schon wand're im finstern Tal, so furcht ich kein Unglück. – Denn du bist bei mir ...«

*Der Widerschein des Feuers vom Werke flammt grell auf und taucht die Stube in rote Glut.*